유니티로 배우는 AI 프로그래밍 쿡북 2/e

유니티로 배우는 AI 프로그래밍 쿡북 2/e

게임 개발에서 자주 사용되는 인공지능 패턴

호르헤 팔라시오스 지음 최동훈 옮김

i!i
에이콘

저의 부모님 베티와 엘리서에게 바칩니다.

부모님은 제가 어떠한 길에 있더라도 믿음과 지지를 보내주셨습니다.

제 삶에 이러한 부모님이 계시다는 것에 대한 감사를 표현할 방법이 없습니다.

이 책을 집필했다는 것은 꿈은 이뤄질 수 있다는 것에 대한 증거입니다.

저의 동료인 프로그래머 크리스찬 조미악에게 감사의 말을 전합니다.

모든 알고리즘에 대한 그의 피드백과 지지는 항상 고마웠습니다.

다음 책 집필 때는 공동 저자로 함께 했으면 합니다.

"내가 더 멀리 보았다면 그것은 거인의 어깨 위에 서 있었기 때문이다."

– 아이작 뉴턴

리카르도 모나스컬과 카를로스 페레즈에 대한 고마움을 영원히 잊지 않을 것입니다.

그들의 지지와 우정, 그들이 좋은 길로 이끌어줘

오늘날의 개발자로서의 제가 있습니다. 저는 당신 덕분에 더 멀리 볼 수 있었습니다.

| 지은이 소개 |

호르헤 팔라시오스 Jorge Palacios

소프트웨어 개발자이자 게임 개발자다. 컴퓨터 과학을 전공했으며 8년의 실무 경력이 있다. 5년 동안 개발 도구 개발에서부터 리드 프로그래머에 이르기까지 다양한 역할을 수행하며 게임을 개발했다. 주로 인공지능 개발과 게임 플레이 프로그래밍에 집중했다. 현재는 유니티와 HTML5 관련된 작업을 진행 중이다. 또한 게임 프로그래밍 강사, 연사, 게임잼(game-jam) 창시자이기도 하다.

데이비드 어버사 Dr. Davide Aversa

이탈리아의 로마 라 사피엔자 대학교에서 인공지능 박사 학위 및 인공지능과 로보틱스 석사 학위를 받았다. 절차적 콘텐츠 생성(PCG)과 인터렉티브 가상 에이전트 개발에 관련된 인공지능에 매우 관심이 많다. 컴퓨터 지능과 게임(CIG)에서 IEEE 컨퍼런스와 같은 비디오 게임 컨퍼런스의 피어 리뷰어로 활동하고 있다. 정규적으로 게임잼 컨테스트에도 참석한다.

| 옮긴이 소개 |

최동훈(sapsaldog@gmail.com)

고려대학교 기계공학과, 컴퓨터학과(이중전공)를 졸업했으며 현재는 캄아일랜드에 근무하고 있다. 웹 기술과 데브옵스(DevOps) 기술에 관심이 많다. 현재 회사의 인프라를 쿠버네티스 클러스터로 전환 구축해 운영하고 있다.

| 옮긴이의 말 |

『유니티로 배우는 게임 인공지능』의 2판이 출간됐습니다. 1판에 이어 2판까지 번역하게 돼 영광입니다.

1판이 나온지 4년이 돼갑니다. 1판 옮긴이의 말에서 알파고에 대한 이야기를 했었는데, 그동안 IT계에도 많은 일들이 있었습니다. 이제 더이상 딥러닝은 대기업의 전유물이 아닙니다. 누구나 딥러닝과 관련된 지식을 습득하고, 실제 데이터셋을 구해서 직접 딥러닝을 본인의 애플리케이션에 이식할 수 있는 세상이 됐습니다. 앞으로의 세상은 또 어떻게 변해 갈지 궁금합니다.

이 책의 형식은 1판에서 크게 바뀌지 않았지만 몇 가지 레시피가 추가되고, 빠졌습니다. 전체적으로 보면 더 실무에 적합한 레시피들로 구성됐습니다. 각 레시피별 상세 설명이 부족하다고 느끼는 독자분들이 있을 수도 있습니다. 사실 각 레시피마다 나오는 이론을 제대로 다룬다면, 챕터 하나 이상을 할애해야 할 정도의 양이 나올 수 있습니다. 이 책은 레시피 위주의 책으로, 잘 이해가 되지 않는 부분이 있다거나 더 알고 싶은 내용이 있는 경우, 참고 사항에 나온 자료를 참고하거나 별도의 이론서적을 참고하면 이해하는 데 도움이 될 것입니다. 이 책이 여러모로 독자들에게 도움이 됐으면 합니다.

좋은 책을 번역할 수 있게 허락해주신 에이콘출판사 권성준 대표님과 편집을 도와주신 에이콘 출판사 임직원분들에게 감사드립니다.

그리고 제가 이 일을 해낼 수 있게끔 항상 뒤에서 힘을 주는 아내 김혜연과 딸 최새벽에게 진심으로 감사의 말을 전하고 싶습니다.

에이콘출판의 기틀을 마련하신 故 정완재 선생님 (1935-2004)

| 차례 |

6장   에이전트 인지

7장 보드게임과 응용 탐색 AI   281

8장   학습기술   331

10장 기타 알고리즘 383

| 들어가며 |

인공지능(AI)에 대해 생각할 때 플레이어에게서 탈출하거나 플레이어를 따라가는 것과 같은 간단한 '행동'부터 전통 AI 체스라이벌, 머신러닝의 상태를 다루는(state-of-the-art) 기술 혹은 절차적 콘텐츠 제작까지 많은 주제가 떠오른다.

유니티에 대해 이야기하는 것은 게임 개발의 민주화에 대해 이야기하는 것을 의미한다. 손쉬운 사용법, 빠른 신기술 대응, 개발자 커뮤니티의 지속적인 성장과 새로운 클라우드 서비스 덕분에 유니티는 게임 산업에서 가장 중요한 소프트웨어 중 하나가 됐다.

이 책을 쓴 주요 목표는 최상의 예제와 규약을 통해 독자들에게 유니티에 대한 기술적 통찰력과 AI 개념과 기술 파악을 위한 이론적 지식을 제공하는 것이다. 그렇게 함으로써 독자는 개인과 프로 개발 무대에서 최고의 실력을 갖출 수 있을 것이다.

이 책은 훌륭한 AI를 만드는 데 필요한 도구를 소개한다. 그 도구는 더 나은 적을 만들거나 최종 보스를 빛나게 하거나 심지어 자신만의 AI 엔진을 제작하기 위한 것이다. 이 책의 목표는 유니티로 AI 기술을 개발하기 위한 최고의 참고 자료(one-stop reference)가 되는 것이다.

신나는 여정에 온 것을 환영한다. 이 여정은 나에게 프로게이머이자 인간으로서 많은 의미가 있는 것들이 조합돼 있다. 프로그래밍, 게임 개발, AI 및 다른 개발자들과 함께 공유하는 것을 의미한다. 독자들이 이 책을 읽어준다는 기쁨을 어떻게 억눌러야 할지 모르겠다. 이 책이 독자의 유니티와 AI 기술 향상에 도움을 주는 것뿐만 아니라, 독자들이 만든 게임 안에서 플레이어들에게 새로운 경험을 전달하는 데 도움을 주길 희망한다.

▌대상 독자

이 책은 이미 유니티의 기본 지식을 갖췄으며, AI와 게임플레이 관련 문제들을 해결하는 데 필요한 더 많은 도구들을 얻고자 희망하는 사람들에 맞춰져 있다.

▌이 책의 구성

1장, '행동 – 영리한 움직임'에서는 크레이그 레이놀즈Craig Reynolds와 랜 밀링톤Ian Millington이 함께 개발한 조작 행위steering behavior 원리를 기반으로 한 가장 흥미로운 움직임 알고리즘들의 일부를 탐험한다. 이 알고리즘들은 진보된 게임들에서 사용하는 대부분의 AI와 길 찾기 알고리즘군과 같이 움직임에 의존하는 다른 알고리즘들의 근간을 이룬다.

2장, '내비게이션'에서는 복잡한 시나리오에서도 잘 수행되는 길 찾기 알고리즘들을 소개한다. 각각의 다른 목적에 맞는 그래프 구조를 사용해 세계를 표현하는 방법을 배우고, 몇몇 종류의 길 찾기 알고리즘을 배운다.

3장, '의사 결정'에서는 여러분들이 여러 가지 다른 장르에 적용할 수 있을 정도로 탄력적이고, 결정 시스템 모듈을 만들기 충분한 의사 결정 기술들을 설명한다.

4장, '신규 NavMesh API'에서는 유니티 5.6에서 등장한 신규 NavMesh API의 내부 동작을 보여준다. 그리고 이 NavMesh 엔진의 파워에 대한 감을 잡을 수 있게 설명하고 NavMesh를 실시간으로 조작한다.

5장, '협동과 전략'에서는 그래픽은 웨이포인트와 인플루언스맵과 같은 그래프 기반 전략적 결정을 활용한 포메이션 및 기술을 다룬다. 다른 에이전트들을 전체 유기체처럼 조절하는 몇 가지 레시피를 다룬다.

6장, '에이전트 인지'에서는 에이전트의 감각 자극에 대한 시뮬레이션을 전개하는 다양한 방법들을 살펴본다. 이미 알고 있는 도구(콜라이더, 그래프)를 활용해 이러한 시뮬레이션들을 만드는 방법을 배울 것이다.

7장, '보드게임과 응용 탐색 AI'에서는 턴 기반 게임 AI와 보드게임을 개발하는 데 필요한 알고리즘을 다룬다.

8장, '학습기술'에서는 머신러닝을 알아본다. 머신러닝 기술을 배우고 적용하는 소중한 첫걸음이 될 것이다.

9장, '절차적 콘텐츠 생성'에서는 절차적으로 콘텐츠를 생성해 게임을 여러 번 플레이하게 할 수 있도록 돕는 여러 가지 기술들을 살펴본다. 다양한 종류의 콘텐츠를 생성하는 데 적합한 기준을 제시할 것이다.

10장, '기타 알고리즘'에서는 몇 가지 새로운 기술을 소개하고 명확한 범주에 딱 들어맞지 않는 새로운 행동을 생성하는 데 이전 장에서 배운 알고리즘을 사용한다.

▌준비 사항

프로그래밍 배경 지식이 풍부한 사람이라면 이 책에서 많은 것들을 얻을 수 있을 것이다. 컴퓨터 과학에 대한 기본 지식 또한 풍부하다면 유니티 구현에서 더 많은 것들을 얻을 수 있을 것이다.

이 책을 읽기 앞서 프로그래밍, 자료 구조, C# 기초 지식을 어느 정도 알고 있어야 한다. 여러분이 과거에 몇 가지 프로토타입 정도는 개발해 봤으며 유니티에서 스크립트 컴포넌트 생성 정도는 편하게 할 수 있다고 가정한다.

https://unity3d.com/learn/tutorials/s/scripting에 존재하는 게임플레이 스크립트 초심자, 중급자 코스에 나오는 개념들을 알고 있다면 이 책에서 많은 것들을 얻을 수 있을 것이라고 생각한다.

이 책에서는 유니티, 비주얼 스튜디오 커뮤니티 버전, 비주얼 스튜디오 코드를 활용해 개발했다. 비주얼 스튜디오 코드가 성능 면에서 좋고 윈도우와 맥에서 동일하게 동작한다. 비주얼 스튜디오 커뮤니티 버전은 윈도우 전용 개발 환경이 될 것이다.

▌ 예제 코드 다운로드

이 책에서 사용된 예제 코드는 에이콘출판사의 도서정보 페이지인 http://www. acornpub.co.kr/book/unity-game-ai-2e에서 다운로드할 수 있다. 또한 http:// www.packtpub.com/support를 방문해 이메일을 등록하면 파일을 직접 받을 수 있으며, 이 링크를 통해 원서의 Errata도 확인할 수 있다. 또한 https://github.com/ PacktPublishing/에서도 동일한 코드를 다운로드할 수 있다.

▌ 컬러 이미지 다운로드

이 책에 사용된 스크린샷/다이어그램의 컬러 이미지는 에이콘출판사의 도서정보 페이지 http://www.acornpub.co.kr/book/unity-game-ai-2e에서 다운로드할 수 있다.

▌ 규약

이 책에서는 몇 가지 텍스트 규약을 사용한다.

CodeIndeText: 텍스트, 데이터베이스 테이블 이름, 폴더 이름, 파일 이름, 파일 확장명, 경로 이름, 더미^{dummy} URL, 사용자 입력 및 Twitter 핸들로 사용되는 코드 단어를 나타낸다. 예를 들면 "Agent는 메인 컴포넌트이며, 지능적인 움직임을 만들기 위해서 행동을 활용한다."

코드 블록은 다음과 같이 표현한다.

```
public override void Awake()
{
  base.Awake();
  targetAgent = target.GetComponent<Agent>();
```

```
    targetAux = target;
    target = new GameObject();
}
```

볼드체: 화면상에서 볼 수 있는 새로운 용어와 중요한 단어는 굵게 표시된다. 예를 들면, 메뉴 또는 다이얼로그 박스 내의 단어는 다음과 같이 표시된다. 예제는 다음과 같다. "또한 **Agent 스크립트** 컴포넌트를 장착시켜야 한다."

▌독자 의견

한국어판에 관한 질문은 이 책의 옮긴이나 에이콘출판사 편집 팀(editor@acornpub.co.kr)으로 문의해주길 바란다.

정오표: 내용을 정확하게 전달하기 위해 최선을 다했지만, 실수가 있을 수 있다. 팩트 출판사의 책에 실수가 있다면, 그 문제를 알려준다면 매우 감사하게 생각할 것이다. 오자를 발견한다면 http://www.packtpub.com/submit-errata를 방문해 이 책을 선택하고, 정오표 제출 양식을 통해 세부 오류 정보를 알려주기 바란다. 한국어판은 에이콘출판사 도서정보 페이지인 http://www.acornpub.co.kr/book/에서 찾아볼 수 있다.

저작권침해: 팩트 출판사 서적의 불법 복제물을 인터넷에서 발견했다면, 해당 주소나 사이트명을 즉시 알려주길 부탁한다. 의심되는 불법 복제물의 링크를 copyright@packtpub.com으로 보내주기 바란다.

행동
– 영리한 움직임

1장에서는 다음과 같은 예제를 통해 이동을 위한 AI 알고리즘을 개발할 것이다.

- 행위 템플릿 만들기
- 추격과 회피
- 물리적으로 올바르게 에이전트 조절하기
- 도착과 출발
- 객체 마주보기
- 주변 배회
- 경로 따라가기
- 에이전트 피하기
- 벽 피하기

- 가중치에 의한 행동 혼합
- 우선 순위에 의한 동작 혼합
- 발사체 쏘기
- 발사체의 착륙 지점 예측
- 발사체 타게팅
- 점프 시스템 만들기

▌ 소개

유니티는 현재 가장 인기 있는 게임 엔진 중 하나이며, 인디 개발자를 위한 사실상의 게임 개발 도구다. 진입 장벽이 낮은 자사 비즈니스 모델 중 강력한 프로젝트 에디터, 시간이 갈수록 진화하는 기술력, 그리고 무엇보다 접근이 용이하고 지속적으로 성장하는 전 세계적인 개발자 커뮤니티가 존재한다.

유니티 본사의 무대 뒤에서의 든든한 지원(렌더링, 물리엔진, 통합 작업, 멀티 플랫폼 지원 등) 덕분에, 우리 삶에서 실시간 게임을 즐길 수 있도록 만들어줄 AI 시스템을 만드는 데 집중할 수 있다. 개발자는 게임에 생명을 입혀주는 AI와 눈 깜빡할 사이의 완벽한 실시간 경험 제작에 집중할 수 있다.

이 책의 목표는 훌륭한 인공지능을 구축하고, 더 나은 적을 만들고, 보스를 연마하거나 사용자 정의된 인공지능 엔진을 만드는 도구를 제공하는 것이다.

1장에서는 크레이그 레이놀즈Craig Reynolds와 랜 밀링톤Ian Millington이 함께 개발한 조향 동작 원리를 기반으로 한 가장 흥미로운 이동 알고리즘을 살펴본다. 이러한 예제는 고급 게임에서 사용되는 대부분의 인공지능과 경로 알고리즘군과 같은 이동 기반 알고리즘의 디딤돌로 쓰인다.

▌ 행위 템플릿 만들기

행위들을 만들기 전에 지능형 움직임을 생성할 뿐만 아니라 지능형 동작을 변경하고 추가하는 모듈식 시스템을 구축하는 데 도움이 되는 디딤돌 코드가 필요하다. 1장에서는 2장에서 다루는 대부분의 알고리즘에 사용되는 사용자 정의 데이터 유형과 기본 클래스를 작성할 것이다.

준비 사항

첫 번째 단계는 업데이트 함수의 실행 순서를 기억하는 것이다.

- Update
- LateUpdate

예제 구현

Steering, AgentBehaviour 및 Agent라는 세 가지 클래스를 만들어야 한다.

1. Steering 클래스는 에이전트의 이동 및 회전을 저장하기 위한 사용자 정의 데이터 역할을 한다.

```
using UnityEngine;
public class Steering
{
    public float angular;
    public Vector3 linear;
    public Steering ()
    {
        angular = 0.0f;
        linear = new Vector3();
    }
}
```

2. 2장에서 다루는 대부분의 행위에 대한 템플릿 클래스인 AgentBehaviour 클래스를 만든다.

```
using UnityEngine;

public class AgentBehaviour : MonoBehaviour
{
    public GameObject target;
    protected Agent agent;

    public virtual void Awake ()
    {
        agent = gameObject.GetComponent<Agent> ();
    }

    public virtual void Update ()
    {
        agent.SetSteering (GetSteering ());
    }

    public virtual Steering GetSteering ()
    {
        return new Steering ();
    }
}
```

3. Agent는 주요 컴포넌트다. Agent 컴포넌트는 지능적인 움직임을 만들기 위해 행위들을 활용한다. 파일 및 뼈대를 만든다.

```
using UnityEngine;
using System.Collections;
public class Agent : MonoBehaviour
{
    public float maxSpeed;
    public float maxAccel;
    public float orientation;
    public float rotation;
    public Vector3 velocity;
```

```
protected Steering steering;

void Start ()
{
    velocity = Vector3.zero;
    steering = new Steering ();
}

public void SetSteering (Steering steering)
{
    this.steering = steering;
}
}
```

4. 현재 값에 따라 이동을 처리하는 Update 함수를 코딩한다.

```
public virtual void Update ()
{
    Vector3 displacement = velocity * Time.deltaTime;
    orientation += rotation * Time.deltaTime;
    // 회전 값들의 범위를 0에서 360 사이로
    // 제한해야 함
    if (orientation < 0.0f)
        orientation += 360.0f;
    else if (orientation > 360.0f)
        orientation -= 360.0f;
    transform.Translate (displacement, Space.World);
    transform.rotation = new Quaternion ();
    transform.Rotate (Vector3.up, orientation);
}
```

5. LateUpdate 함수를 구현한다. 이 함수는 현재 프레임의 계산에 따라 다음 프레임의 움직임을 갱신한다.

```
public virtual void LateUpdate ()
{
    velocity += steering.linear * Time.deltaTime;
```

```
        rotation += steering.angular * Time.deltaTime;
        if (velocity.magnitude > maxSpeed) {
            velocity.Normalize ();
            velocity = velocity * maxSpeed;
        }
        if (steering.angular == 0.0f) {
            rotation = 0.0f;
        }
        if (steering.linear.sqrMagnitude == 0.0f) {
            velocity = Vector3.zero;
        }
        steering = new Steering ();
    }
```

예제 분석

이 아이디어는 추후 작성될 행위 클래스의 GetSteering() 함수를 통해 움직임 로직을 위임delegate함으로써, 에이전트 클래스의 움직임 로직을 단순화하는 것이다.

유니티 스크립트 실행 순서 정렬 메뉴와 함수 실행 순서를 통해서 Steering 값들이 사용되기 전에 Steering 값들이 설정될 수 있도록 했다.

부연 설명

이 방식은 컴포넌트 기반의 접근이다. 즉, 행동이 적용될 게임 오브젝트GameObject에 에이전트Agent 스크립트를 붙여야 한다.

참고 사항

유니티의 게임 루프, 함수들과 스크립트의 실행 순서에 대한 자세한 정보는 공식 문서를 참고하길 바란다.

- http://docs.unity3d.com/Manual/ExecutionOrder.html
- http://docs.unity3d.com/Manual/class-MonoManager.html

▌ 추격과 회피

추격하기와 회피하기는 이동 알고리즘 개발의 시작으로 적합한 기능이다. 추격과 회피는 가장 기본적인 행위에 의존하고 대상의 다음 스텝을 예측해 기능을 확장하기 때문이다.

준비 사항

Seek과 Flee라고 불리는 몇몇 기본 행위 클래스들이 필요하다. 이 클래스들은 스크립트 실행 순서에서 Agent 클래스 바로 다음에 두자.

다음은 코드는 Seek 행위 코드다.

```
using UnityEngine;
using System.Collections;

public class Seek : AgentBehaviour
{
    public override Steering GetSteering ()
    {
        Steering steering = new Steering ();
        steering.linear = target.transform.position - transform.
            position;
        steering.linear.Normalize ();
        steering.linear = steering.linear * agent.maxAccel;
        return steering;
    }
}
```

이제 Flee 행위를 구현한다.

```
using UnityEngine;
using System.Collections;

public class Flee : AgentBehaviour
{
    public override Steering GetSteering ()
    {
        Steering steering = new Steering ();
        steering.linear = transform.position - target.transform.position;
        steering.linear.Normalize ();
        steering.linear = steering.linear * agent.maxAccel;
        return steering;

    }
}
```

예제 구현

Pursue와 Evade 클래스의 근본적인 알고리즘은 동일하지만, 상속하는 기본 클래스가
다르다.

1. Pursue 클래스를 만들고, Seek를 상위 클래스로 설정하고 예측을 위한 특성들
   을 추가한다.

```
using UnityEngine;
using System.Collections;
public class Pursue : Seek
{
    public float maxPrediction;
    private GameObject targetAux;
    private Agent targetAgent;
}
```

2. 실제 대상^{target}이 시작될 때 모든 것을 설정하기 위해 Awake 함수를 구현한다.

```
public override void Awake ()
{
    base.Awake ();
    targetAgent = target.GetComponent<Agent> ();
    targetAux = target;
    target = new GameObject ();
 }
```

3. 내부 객체를 적절하게 다루기 위해 OnDestroy 함수도 구현해준다.

```
void OnDestroy ()
{
    Destroy (targetAux);
}
```

4. GetSteering 함수를 구현한다.

```
public override Steering GetSteering ()
{
    Vector3 direction = targetAux.transform.position - transform.
        position;
    float distance = direction.magnitude;
    float speed = agent.velocity.magnitude;
    float prediction;
    if (speed <= distance / maxPrediction)
        prediction = maxPrediction;
    else
        prediction = distance / speed;
    target.transform.position = targetAux.transform.position;
    target.transform.position += targetAgent.velocity *
    prediction;
    return base.GetSteering ();
}
```

5. Evade 행위를 제작하는 데 있어서, Flee가 부모 클래스란 점을 제외하고는 절차는 기존과 동일하다.

```
public class Evade : Flee
{
    // 모든 코드는 Persue와 동일함
}
```

예제 분석

이러한 행위들은 Seek와 Flee에 의존하며, 대상의 속도를 고려한다. 다음에 어디로 갈지 예측하기 위해 내부 여분 개체를 사용해 목표 지점으로 향한다.

▎ 물리적으로 올바르게 에이전트 조정하기

에이전트에 적용하는 간단한 행동들을 구현하는 법을 배웠다. 하지만 이것이 전부가 아니다. 실제 제작하는 게임에서는 유니티의 물리 엔진의 도움이 필요할 것이다. 에이전트에 Rigidbody 컴포넌트를 붙이고, 기존에 구현했던 것들을 맞게 조정하는 것을 고려해 봐야 한다.

준비 사항

우선 기억해야 할 것은 이벤트 함수의 실행 순서다. 지금은 물리 엔진 기반의 행동을 다루기 때문에 FixedUpdate 함수를 사용한다.

- FixedUpdate
- Update
- LateUpdate

예제 구현

이번 예제는 기존의 Agent 클래스의 끝부분에 추가한다.

1. Agent 클래스를 연다.

2. 강체^{Rigid body} 컴포넌트의 레퍼런스를 담을 수 있는 멤버 변수를 추가한다.

```
private Rigidbody a RigidBody
```

3. Start 함수에서 강체 컴포넌트의 레퍼런스를 획득한다.

```
aRigidBody = GetComponent<Rigidbody>()
```

4. 방향값^{orientation value}을 벡터로 변환하는 함수를 구현한다.

```
public Vector3 OriToVec(float orientation)
{
  Vector3 vector = Vector3.zero;
  vector.x = Mathf.Sin(orientation * Mathf.Deg2Rad) * 1.0f;
  vector.z = Mathf.Cos(orientation * Mathf.Deg2Rad) * 1.0f;
  return vector.normalized;
}
```

5. Update 함수의 시작 부분에 다음의 두 줄을 추가한다.

```
public virtual void Update ()
{
  if (aRigidBody == null)
    return;
  // ... 이전 코드
```

6. FixedUpdate 함수를 정의한다.

```
public virtual void FixedUpdate ()
```

```
{
  if (aRigidBody == null)
  {
    return;
  // next step
  }
```

7. 계속 FixedUpdate 함수를 구현한다.

```
Vector3 displacement = velocity & Time.deltaTime;
orientation += rotation * Time.deltaTime;
if (orientation < 0.0f)
  orientation += 360.0f;
else if (orientation > 360.0f)
  orientation -= 360.0f;
// 무엇을 하고 싶은지에 따라 포스 모드(ForceMode)값을 설정한다.
// 여기에서는 보여주는 용도로 VelocityChange를 사용한다.
aRigidBody.AddForce(displacement, ForceMode.VelocityChange);
Vector3 orientationVector = OriToVec(orientation);
aRigidBody.rotation = Quaternion.LookRotation(orientationVector, Vector3. up);
```

예제 분석

강체 컴포넌트의 레퍼런스를 저장하는 멤버 변수를 추가했다. 또한 Update와 유사한 FixedUpdate를 구현했지만 유니티의 물리 엔진 위에서 작업하고 있기 때문에 오브젝트를 임의로 변환하는 대신 강체에 힘을 적용했다.

마지막으로 강체가 적용돼 있는 경우에만 호출될 수 있도록 각 함수의 앞부분에 간단한 검증 코드를 생성했다.

참고 사항

이벤트 함수의 실행 순서에 대한 자세한 정보는 다음의 유니티 공식 문서를 참고하길 바란다.

- https://docs.unity3d.com/Manual/ExecutionOrder.html

▌ 도착하기 및 떠나기

이 알고리즘의 아이디어는 Seek와 Flee의 동일한 원칙을 적용하되 목적지에 가까워진
다거나(도착하기) 위험 지점으로부터 충분히 멀어졌다(떠나기)와 같은 조건이 충족되면
에이전트가 자동으로 멈추는 기능을 추가한 것이다.

준비 사항

Arrive와 Leave 알고리즘을 구현하는 데 필요한 파일을 각각 생성하고 실행 순서를 커
스터마이징해야 한다.

예제 구현

1. 먼저 Arrive 행위를 구현하기 위한 대상 멈춤 반경 및 느려지는 반경을 정의하
   는 멤버 변수들을 선언한다.

```
using UnityEngine;
using System.Collections;

public class Arrive : AgentBehaviour
{
    public float targetRadius;
    public float slowRadius;
    public float timeToTarget = 0.1f;
}
```

2. GetSteering 함수를 만든다.

```
public override Steering GetSteering ()
{
    // 코드는 다음 단계에 존재함
}
```

3. GetSteering 함수 안의 처음 절반은, 두 반경 변수들에 따라 변경되는 대상과
의 거리에 영향을 받아 적합한 속도를 계산한다.

```
Steering steering = new Steering ();
Vector3 direction = target.transform.position - transform.
    position;
float distance = direction.magnitude;
float targetSpeed;
if (distance < targetRadius)
    return steering;
if (distance > slowRadius)
    targetSpeed = agent.maxSpeed;
else
    targetSpeed = agent.maxSpeed * distance / slowRadius;
```

4. GetSteering 함수의 나머지 절반은 키steering값을 설정하고 최대 속도에 맞춰
값을 제한하는 코드로 구성돼 있다.

```
Vector3 desiredVelocity = direction;
desiredVelocity.Normalize ();
desiredVelocity *= targetSpeed;
steering.linear = desiredVelocity - agent.velocity;
steering.linear /= timeToTarget;
if (steering.linear.magnitude > agent.maxAccel) {
 steering.linear.Normalize ();
    steering.linear *= agent.maxAccel;
    }
    return steering;
```

5. Leave 클래스를 구현하기 위해 멤버 변수들의 이름을 변경한다.

```
using UnityEngine;
using System.Collections;

public class Leave : AgentBehaviour
{
    public float escapeRadius;
    public float dangerRadius;
    public float timeToTarget = 0.1f;
}
```

6. GetSteering 함수의 절반을 다음과 같이 정의한다.

```
Steering steering = new Steering();
Vector3 direction = transform.position - target.transform.
    position;
float distance = direction.magnitude;
if (distance > dangerRadius)
    return steering;
float reduce;
if (distance < escapeRadius)
    reduce = 0f;
else
    reduce = distance / dangerRadius * agent.maxSpeed;
float targetSpeed = agent.maxSpeed - reduce;
```

7. 나머지 GetSteering 함수의 절반은 그대로 둔다.

예제 분석

어디로 갈 것인지에 대한 계산이 완료된 후 언제 전속력을 낼 것인지, 천천히 갈 것인지 또는 멈출 것인지를 판단하기 위해 두 반경 거리들을 기반으로 한 계산을 진행한다. 이것 때문에 여러 if 문이 존재한다. 도착하기 행위에서 에이전트가 너무 멀리 있으면 전속력으로 목표 지점을 향해 갈 것이고 적절한 범위 안에 있으면 점진적으로 속도를 늦출 것이며, 마지막으로 충분히 목표 대상에 근접했을 경우 멈출 것이다. 탈출하기 행위는 도착하기 행위와 반대로 적용한다.

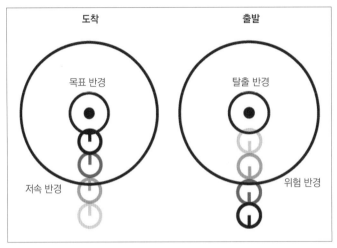

출발과 도착 행위의 시각적 표현

❙ 객체 마주보기

전투 시뮬레이터에서와 같이 실세계^{Real-world} 조준은 대부분의 게임에서 널리 사용되는 자동 조준과는 조금 다르게 동작한다. 이 예제는 탱크 포탑을 컨트롤하는 에이전트나 인간형 스나이퍼를 구현할 때 유용하다.

준비 사항

AgentBehaviour 클래스를 수정한다.

1. 기존에 존재하는 값을 제한하는 새로운 멤버 변수를 추가한다.

```
public float maxSpeed;
```

```
public float maxAccel;
public float maxRotation;
public float maxAngularAccel;
```

2. MapToRange 함수를 추가한다. MapToRange 함수는 두 방향 값을 뺀 후 실제 회전 방향을 찾는 데 쓰인다.

```
public float MapToRange (float rotation) {
    rotation %= 360.0f;
    if (Mathf.Abs(rotation) > 180.0f) {
        if (rotation < 0.0f)
            rotation += 360.0f;
        else
            rotation -= 360.0f;
    }
    return rotation;
}
```

3. Align 행위 클래스를 만든다. Align 행위 클래스는 마주보기[facing] 알고리즘의 기초가 된다. 회전을 다룬다는 점을 제외하고 Arrive 클래스와 같은 원리를 사용한다.

```
using UnityEngine;
using System.Collections;


public class Align : AgentBehaviour
{
    public float targetRadius;
    public float slowRadius;
    public float timeToTarget = 0.1f;

    public override Steering GetSteering ()
    {
        Steering steering = new Steering ();
        float targetOrientation = target.GetComponent<Agent> ().
```

```
        orientation;
    float rotation = targetOrientation - agent.orientation;
    rotation = MapToRange (rotation);
    float rotationSize = Mathf.Abs (rotation);
    if (rotationSize < targetRadius)
        return steering;
    float targetRotation;
    if (rotationSize > slowRadius)
        targetRotation = agent.maxRotation;
    else
        targetRotation = agent.maxRotation * rotationSize /
        slowRadius;
    targetRotation *= rotation / rotationSize;
    steering.angular = targetRotation - agent.rotation;
    steering.angular /= timeToTarget;
    float angularAccel = Mathf.Abs (steering.angular);

    if (angularAccel > agent.maxAngularAccel) {
        steering.angular /= angularAccel;
        steering.angular *= agent.maxAngularAccel;
    }
    return steering;
    }
}
```

예제 구현

Align 클래스로부터 상속받은 마주보기 알고리즘을 구현할 차례다.

1. 보조 대상 멤버 변수를 갖는 Face 클래스를 만든다.

```
using UnityEngine;
using System.Collections;

public class Face : Align
{
    protected GameObject targetAux;
```

```
}
```

2. Awake 함수를 재정의해 모든 설정을 하고, 참조를 교환한다.

```
public override void Awake ()
{
    base.Awake ();
    targetAux = target;
    target = new GameObject ();
    target.AddComponent<Agent> ();
}
```

3. OnDestory 함수를 구현해 메모리 문제가 일어나지 않도록 만든다.

```
void OnDestroy ()
{
    Destroy (target);
}
```

4. 마지막으로 GetSteering 함수를 정의한다.

```
public override Steering GetSteering ()
{
    Vector3 direction = targetAux.transform.position - transform.
        position;
    if (direction.magnitude > 0.0f) {
        float targetOrientation = Mathf.Atan2 (direction.x,
                                    direction.z);
        targetOrientation *= Mathf.Rad2Deg;
        target.GetComponent<Agent> ().orientation =
            targetOrientation;
    }
    return base.GetSteering ();
}
```

예제 분석

이 알고리즘은 에이전트와 실제 대상 사이의 벡터를 이용해 내부 대상의 방향을 결정한다.

▌ 주변 배회

이 기술은 무작위 군중 시뮬레이션과 동물들 그리고 유효동작^{idle} 시에 무작위 이동이 필요한 대다수의 NPC를 구현할 때 적합하다.

준비 사항

AgentBehaviour 클래스에 방향 값을 벡터로 변경해주는 OriToVec 함수를 추가한다.

```
public Vector3 GetOriAsVec (float orientation) {
    Vector3 vector  = Vector3.zero;
    vector.x = Mathf.Sin(orientation * Mathf.Deg2Rad) * 1.0f;
    vector.z = Mathf.Cos(orientation * Mathf.Deg2Rad) * 1.0f;
    return vector.normalized;
}
```

예제 구현

1. Face 클래스를 상속받는 Wander 클래스를 만든다.

   ```
   using UnityEngine;
   using System.Collections;

   public class Wander : Face
   {
   ```

```
    public float offset;
    public float radius;
    public float rate;
}
```

2. Awake 함수를 정의해 내부 대상을 설정한다.

```
public override void Awake ()
{
    target = new GameObject ();
    target.transform.position = transform.position;
    base.Awake ();
}
```

3. GetSteering 함수를 정의한다.

```
public override Steering GetSteering ()
{
    Steering steering = new Steering ();
    float wanderOrientation = Random.Range (-1.0f, 1.0f) * rate;
    float targetOrientation = wanderOrientation + agent.
        orientation;
    Vector3 orientationVec = OriToVec (agent.orientation);
    Vector3 targetPosition = (offset * orientationVec) +
                             transform.position;
    targetPosition = targetPosition + (OriToVec (targetOrientation)
    * radius);
    targetAux.transform.position = targetPosition;
    steering = base.GetSteering ();
    steering.linear = targetAux.transform.position - transform.
        position;
    steering.linear.Normalize ();
    steering.linear *= agent.maxAccel;
    return steering;
}
```

예제 분석

이 행위는 다음에 가야 할 무작위 위치를 얻기 위해 두 가지 반지름을 고려했다. 전진하기 위해 무작위 위치를 바라본 이후 계산된 방향을 벡터 값으로 변환한다.

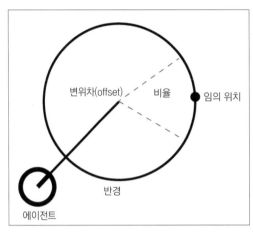

배회하는 행동을 만들기 위한 파라미터들

▌경로 추종

정해진 경로들이 필요할 경우가 종종 있다. 이러한 것들을 온전히 코드로만 제작한다는 것은 매우 힘든 일이다. 스텔스 게임을 만들고 있다고 가정해보자. 가드 한 명 한 명 일일이 경로를 코드로 구현할 것인가? 이 기술은 이러한 상황에 적합한 경로 시스템을 구축하는 데 도움이 된다.

준비 사항

PathSegment라는 커스텀 데이터 타입 정의가 필요하다.

```
using UnityEngine;
using System.Collections;

public class PathSegment
{
    public Vector3 a;
    public Vector3 b;

    public PathSegment () : this (Vector3.zero, Vector3.zero)
    {
    }

    public PathSegment (Vector3 a, Vector3 b)
    {
        this.a = a;
        this.b = b;
    }
}
```

예제 구현

이 예제는 크게 두 단계로 나눠져 있다. 먼저, 특정 공간상 표현으로부터 경로의 포인트들을 추상화하는 Path 클래스를 제작하고, 따라갈 공간상의 실제 위치를 얻기 위해 추상화된 경로를 활용하는 PathFollower 행위 클래스를 제작할 것이다.

1. 노드들과 세그먼트들로 구성된 Path 클래스를 제작하고, 노드 리스트 멤버 변수는 공개형으로 선언해 직접 할당할 수 있게 한다.

```
using UnityEngine;
using System.Collections;
using System.Collections.Generic;

public class Path : MonoBehaviour
{
    public List<GameObject> nodes;
```

```
    List<PathSegment> segments;
}
```

2. 씬^{Scene}이 시작될 때 세그먼트^{segment}를 설정해주는 Start 함수를 정의한다.

```
void Start ()
{
    segments = GetSegments ();
}
```

3. 노드로부터 세그먼트를 만드는 GetSegments 함수를 정의한다.

```
public List<PathSegment> GetSegments ()
{
    List<PathSegment> segments = new List<PathSegment> ();
    int i;
    for (i = 0; i < nodes.Count - 1; i++)
    {
        Vector3 src = nodes [i].transform.position;
        Vector3 dst = nodes [i + 1].transform.position;
        PathSegment segment = new PathSegment (src, dst);
        segments.Add (segment);
    }
    return segments;
}
```

4. 추상화를 위한 첫 번째 함수인 GetParam을 정의한다.

```
public float GetParam (Vector3 position, float lastParam)
{
    // 코드 몸체
}
```

5. 어떤 세그먼트가 에이전트에 가장 가까운지 찾는다.

```
float param = 0f;
```

```
PathSegment currentSegment = null;
float tempParam = 0f;
foreach (PathSegment ps in segments)
{
  tempParam += Vector3.Distance (ps.a, ps.b);
        if (lastParam <= tempParam)
{
                currentSegment = ps;
                break;
        }
}
if (currentSegment == null)
    return 0f;
```

6. 주어진 현재 위치를 통해 어느 방향으로 가야할지 결정한다.

```
Vector3 currPos = position - currentSegment.a;
Vector3 segmentDirection = currentSegment.b - currentSegment.a;
segmentDirection.Normalize ();
```

7. 벡터 투영projection을 통해서 세그먼트 내의 포인트를 찾는다.

```
Vector3 pointInSegment = Vector3.Project (currPos,
segmentDirection);
```

8. GetParam 함수에서 경로 중 다음 위치를 반환한다.

```
param = tempParam - Vector3.Distance (currentSegment.a,
currentSegment.b);
param += pointInSegment.magnitude;
return param;
```

9. GetPosition 함수를 정의한다.

```
public Vector3 GetPosition (float param)
```

```
{
    // 코드 몸체
}
```

10. 경로 사이에 존재하는 주어진 현재 위치를 통해, 상응하는 세그먼트를 찾는다.

```
Vector3 position = Vector3.zero;
PathSegment currentSegment = null;
float tempParam = 0f;
foreach (PathSegment ps in segments)
{
    tempParam += Vector3.Distance (ps.a, ps.b);
    if (param <= tempParam)
    {
        currentSegment = ps;
        break;
    }
}
if (currentSegment == null)
    return Vector3.zero;
```

11. GetPosition 함수에서 파라미터를 공간상의 위치로 변환해준 후 반환한다.

```
Vector3 segmentDirection = currentSegment.b - currentSegment.a;
segmentDirection.Normalize ();
tempParam -= Vector3.Distance (currentSegment.a, currentSegment.b);
tempParam = param - tempParam;
position = currentSegment.a + segmentDirection * tempParam;
return position;
```

12. Seek 클래스를 상속 받는 PathFollower 행위 클래스를 만든다(실행 순서 설정 잊지말 것).

```
using UnityEngine;
using System.Collections;
```

```
public class PathFollower : Seek
{
    public Path path;
    public float pathOffset = 0.0f;
    float currentParam;
}
```

13. Aawke 함수에서 대상을 지정하는 코드를 구현한다.

```
public override void Awake ()
{
    base.Awake ();
    target = new GameObject ();
    currentParam = 0f;
}
```

14. 마지막 단계는 GetSteering 함수를 정의한다. 이 함수는 목표 위치를 지정하고 Seek 클래스를 적용하기 위해서 Path 클래스의 추상화에 의존한다.

```
public override Steering GetSteering ()
{
    currentParam = path.GetParam (transform.position,
        currentParam);
    float targetParam = currentParam + pathOffset;
    target.transform.position = path.GetPosition (targetParam);
    return base.GetSteering ();
}
```

예제 분석

Path 클래스는 GetParam에 의존해 내부 지침에 따라 오프셋offset 포인트를 매핑하며 GetPosition을 사용해 해당 참조점을 세그먼트를 따라 3차원 공간상의 위치로 변환하기 때문에 움직임에 대한 가이드라인을 만들기 위한 근간이 된다.

경로 추종 알고리즘은 새로운 위치를 얻거나 대상을 갱신^{update}하고 탐색^{Seek} 행위를 적용하기 위해 경로 함수들을 사용한다.

부연 설명

인스펙터에 연결된 노드들의 순서가 제대로 동작하는지 확인하는 것이 좋다. 이를 확인하기 위한 실용적인 방법은 노드들에 번호를 붙이는 것이다.

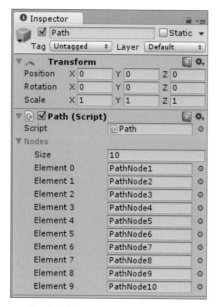

인스펙터 윈도우에서 경로를 설정하는 예

또한, 경로를 시각적으로 더 보기 좋게 하기 위해 OnDrawGizmos 함수를 정의할 수 있다.

```
void OnDrawGizmos ()
{
    Vector3 direction;
    Color tmp = Gizmos.color;
    Gizmos.color = Color.magenta;//example color
    int i;
    for (i = 0; i < nodes.Count - 1; i++)
```

```
{
    Vector3 src = nodes[i].transform.position;
    Vector3 dst = nodes[i+1].transform.position;
    direction = dst - src;
    Gizmos.DrawRay(src, direction);
}
Gizmos.color = tmp;
}
```

▌ 에이전트 회피

군중시뮬레이션crowd-simulation 게임에서 물리 기반 시스템에서의 입자처럼 행동하는 에이전트들은 부자연스럽다. 이번 예제의 목표는 에이전트들끼리 상호 충돌이 일어나지 않는peer-evasion 움직임을 모방하는 에이전트를 만드는 것이다.

준비 사항

Agent라는 태그를 만들고, 서로 부딪히지 않길 원하는 게임 객체들에 할당할 것이다. 또한 객체들에 붙일 Agent 스크립트를 제작할 것이다.

더미 에이전트의 인스펙터 화면 예시

다음을 유심히 살펴보길 바란다.

- Tag: 에이전트(우리가 만든 것)
- (우리가 만든) 에이전트 컴포넌트가 장착됐는지

예제 구현

이 예제는 파일 하나만 필요하다.

1. 충돌 회피 반경과 회피할 에이전트의 목록으로 구성된 AvoidAgent 행위 클래스를 제작한다.

```
using UnityEngine;
using System.Collections;
using System.Collections.Generic;

public class AvoidAgent : AgentBehaviour
{
    public float collisionRadius = 0.4f;
    GameObject[] targets;
}
```

2. Start 함수에서 앞서 만든 태그를 붙인 에이전트들을 설정한다.

```
void Start ()
{
    targets = GameObject.FindGameObjectsWithTag ("Agent");
}
```

3. GetSteering 함수를 정의한다.

```
public override Steering GetSteering ()
{
```

```
    // 코드 몸체
}
```

4. 근처에 있는 에이전트들의 속도와 거리를 계산하기 위해서 다음의 변수들을 추가한다.

```
Steering steering = new Steering ();
float shortestTime = Mathf.Infinity;
GameObject firstTarget = null;
float firstMinSeparation = 0.0f;
float firstDistance = 0.0f;
Vector3 firstRelativePos = Vector3.zero;
Vector3 firstRelativeVel = Vector3.zero;
```

5. 현재 충돌할 확률이 높은 가장 가까운 에이전트를 찾는다.

```
foreach (GameObject t in targets) {
    Vector3 relativePos;
    Agent targetAgent = t.GetComponent<Agent> ();
    relativePos = t.transform.position - transform.position;
    Vector3 relativeVel = targetAgent.velocity - agent.velocity;
    float relativeSpeed = relativeVel.magnitude;
    float timeToCollision = Vector3.Dot (relativePos, relativeVel);
    timeToCollision /= relativeSpeed * relativeSpeed * -1;
    float distance = relativePos.magnitude;
    float minSeparation = distance - relativeSpeed *
                          timeToCollision;
    if (minSeparation > 2 * collisionRadius)
        continue;
    if (timeToCollision > 0.0f && timeToCollision < shortestTime)
    {
            shortestTime = timeToCollision;
            firstTarget = t;
            firstMinSeparation = minSeparation;
            firstRelativePos = relativePos;
            firstRelativeVel = relativeVel;
    }
}
```

```
    }
```

6. 만약 충돌 가능성이 있는 에이전트가 존재한다면 피한다.

```
if (firstTarget == null)
    return steering;
if (firstMinSeparation <= 0.0f || firstDistance < 2 *
    collisionRadius)
    firstRelativePos = firstTarget.transform.position;
 else
    firstRelativePos += firstRelativeVel * shortestTime;
 firstRelativePos.Normalize ();
steering.linear = -firstRelativePos * agent.maxAccel;
return steering;
```

예제 분석

리스트에서 가장 가까운 에이전트를 고려했다. 그리고 충분히 가까워졌을 때, 가장 가까운 에이전트의 속도 값을 기준으로 기존 경로를 수정해 충돌하지 않게 한다.

부연 설명

이 행위는 2장에 일부 포함돼 있는 혼합^{blending} 기술을 사용해 다른 행위와 함께 사용할 때 잘 동작한다. 혼합기술을 사용하지 않는다면 본인만의 충돌 회피 알고리즘을 만드는 좋은 시작점이 될 수도 있다.

▌ 벽 피하기

이번 예제에서는 벽 피하기를 흉내 내는 행동을 구현할 것이다. 즉, 앞에 보이는 것을 벽이나 장애물로 간주하고 동시에 원래 향하고자 했던 방향성을 유지하면서 적당한 간격으로 떨어져 그 주변을 걷는 것이다.

준비 사항

이 기술은 물리 엔진의 RaycastHit 구조체^{structure}와 Raycast 함수를 사용한다. 따라서 이와 관련된 지식이 부족하다면, 관련 자료나 서적을 참조하길 바란다.

예제 구현

기존에 작업했던 코드 덕분에 이번 예제는 짧다.

1. Seek를 상속받는 AvoidWall 행위 클래스를 만든다.

```
using UnityEngine;
using System.Collections;

public class AvoidWall : Seek
{
    // 코드 몸체
}
```

2. 안전 거리를 정의하는 멤버 변수와 함께 발사^{cast}할 레이^{ray}의 길이를 정의하는 멤버 변수를 추가한다.

```
public float avoidDistance;
public float lookAhead;
```

3. 대상을 Awake 함수에서 정의한다.

```
public override void Awake ()
```

```
{
    base.Awake ();
    target = new GameObject ();
}
```

4. 다음 단계를 위해 GetSteering 함수를 정의한다.

```
public override Steering GetSteering ()
{
    // 코드 몸체
}
```

5. 레이 캐스팅^{ray casting}을 위한 변수들을 선언하고 설정한다.

```
Steering steering = new Steering ();
Vector3 position = transform.position;
Vector3 rayVector = agent.velocity.normalized * lookAhead;
Vector3 direction = rayVector;
RaycastHit hit;
```

6. 레이를 발사하고 벽에 맞았는지 적합한 계산을 수행한다.

```
if (Physics.Raycast (position, direction, out hit, lookAhead)) {
    position = hit.point + hit.normal * avoidDistance;
    target.transform.position = position;
    steering = base.GetSteering ();
}
return steering;
```

예제 분석

에이전트 앞에서 레이를 발사했다. 레이가 벽에 출동했을 때 대상 객체의 위치를 벽으로부터의 거리와 함께 선언된 안전 거리를 고려해 결정했고, 키 값^{steering} 계산은 Seek

행위 클래스에 위임했다. 이것은 에이전트가 벽을 피하는 듯한 착각을 일으킨다.

부연 설명

더 정밀한 정확도를 위해 더듬이처럼 레이를 추가해 행위 확장을 할 수 있다. 또한 벽 피하기는 일반적으로 보통 추적^{Pursue} 행위와 같은 다른 움직임 행위와 함께 섞어서^{blend} 사용한다.

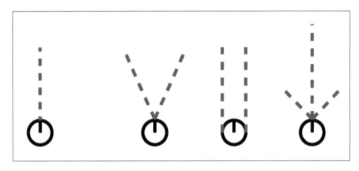

예제의(original) 레이 캐스트와 더 정밀한 벽 피하기를 위해 가능한 확장

참고 사항

RaycastHit 구조체와 Raycast 함수에 대한 더 자세한 정보는 다음 링크의 온라인 공식 문서를 참고하길 바란다.

- http://docs.unity3d.com/ScriptReference/RaycastHit.htm
- http://docs.unity3d.com/ScriptReference/Physics.Raycast.htmll

▍ 가중치를 통한 행위 섞기

섞기 기술을 활용해 새로운 종류의 하이브리드^{hybrid} 에이전트가 필요할 때마다 새로운 스크립트 작성 없이 새로운 행위들을 추가하거나 섞을 수 있다.

가중치를 통한 섞기 기술은 1장에서 가장 유용한 기술 중 하나이며, 그 강력함과 구현에 들어가는 적은 노력 때문에 아마도 가장 널리 쓰이는 행위 섞기 접근 방식일 것이다.

준비 사항

AgentBehaviour 클래스에 weight라는 새로운 멤버 변수를 추가하고, 원하는 기본 값을 할당하자. 여기에서는 1.0f로 했다. 그리고 Agent 클래스의 SetSteering 함수에서 파라미터에 weight가 포함되도록 Update 함수를 개선해야 한다.

```
public class AgentBehaviour : MonoBehaviour
{
    public float weight = 1.0f;

    // ... 클래스의 나머지 부분

    public virtual void Update ()
    {
        agent.SetSteering (GetSteering (), weight);
    }
}
```

예제 구현

단지 SetSteering 에이전트 함수의 시그니처^{signature}와 정의를 변경해주면 된다.

```
public void SetSteering (Steering steering, float weight)
{
    this.steering.linear += (weight * steering.linear);
    this.steering.angular += (weight * steering.angular);
```

```
}
```

예제 분석

가중치^{weight}값들은 steeering 행위 결괏값을 증폭시키는 데 사용되고, 주요 키값^{steering} 구조에 더해진다.

부연 설명

가중치는 그 합이 반드시 1.0f가 될 필요는 없다. 가중치 파라미터는 키 행위가 갖는 다른 여러 파라미터들 가운데 관련성을 정의하는 데 기준이 되는 값이다.

참고 사항

이 프로젝트의 벽 피하기 예제 중, 가중치를 통한 섞기가 사용됐음을 확인하라.

▍우선순위에 의한 행위 섞기

가끔은 가중치에 의한 섞기로는 충분치 못할 때가 있다. 왜냐하면 가중치가 높은 행위가 가중치가 작은 행위를 희미하게 만들기 때문이다. 그러나 이러한 행위들도 각자의 역할을 수행할 필요성이 있다. 바로 이런 상황이 고순위로부터 저순위까지 순차적으로 적용되는 행위 우선순위 기반의 섞기가 필요한 순간이다.

준비 사항

접근방식은 이전 예제에서 앞서 사용한 방식과 유사하다. `AgentBehaviour` 클래스에 새로운 변수를 추가해야 한다. 또한 Update 함수에서 priority가 Agent 클래스의 SetSteering 함수의 파라미터로 적용될 수 있도록 Update 함수를 개선해야 한다. 새로운 AgentBehaviour 클래스는 다음과 같다.

```
public class AgentBehaviour : MonoBehaviour
{
    public int priority = 1;
    // ... 다른 부분은 모두 동일하다.
    public virtual void Update ()
    {
        agent.SetSteering(GetSteering(), priority);
    }
}
```

예제 구현

Agent 클래스를 조금 손봐야 한다.

1. 라이브러리로부터 새로운 네임스페이스^{namespace}를 추가한다.

   ```
   using System.Collections.Generic;
   ```

2. 행위 그룹을 고려한 키의 최소값을 할당하는 멤버 변수를 추가한다.

   ```
   public float priorityThreshold = 0.2f;
   ```

3. 행위 그룹을 갖는 새로운 멤버 변수를 추가한다.

   ```
   private Dictionary<int, List<Steering>> groups;
   ```

4. Start 함수에서 변수를 초기화한다.

```
groups = new Dictionary<int, List<Steering>>();
```

5. LastUpdate 함수를 수정하고 GetPrioritySteering 함수를 호출해 키 값이 설정되게 한다.

```
public virtual void LateUpdate ()
{
    // 우선순위 깔때기형 키
    steering = GetPrioritySteering();
    groups.Clear();

    // 나머지 계산 부분은 동일하게 둔다.
    steering = new Steering();
}
```

6. SetSteering 함수의 시그니처를 수정하고 키 값들이 우선순위 그룹에 맞게 들어갈 수 있도록 정의한다.

```
public void SetSteering (Steering steering, int priority)
{
    if (!groups.ContainsKey(priority))
    {
        groups.Add(priority, new List<Steering>());
    }
    groups[priority].Add(steering);
}
```

7. 키 그룹이 통과 hurnel 하도록 GetPrioritySteering 함수를 구현한다.

```
private Steering GetPrioritySteering ()
{
    Steering steering = new Steering();
```

```
        float sqrThreshold = priorityThreshold * priorityThreshold;
        foreach (List<Steering> group in groups.Values)
        {
            steering = new Steering();
            foreach (Steering singleSteering in group)
            {
                steering.linear += singleSteering.linear;
                steering.angular += singleSteering.angular;
            }
            if (steering.linear.sqrMagnitude > sqrThreshold ||
                Mathf.Abs(steering.angular) > priorityThreshold)
            {
                return steering;
            }
        }
    }
}
```

예제 분석

우선순위 그룹을 만들고, 각 그룹마다 행위들을 섞어 넣어뒀었다. 그리고 키 값이 한 계점을 넘게 되면 첫 번째 그룹을 선택한다. 한계점을 넘지 못하면 낮은 우선순위 그룹을 선택한다.

부연 설명

가중치 섞기가 적용된 행위를 다시 섞어 이 방식을 확장할 수 있다. 행위가 우선순위를 지닌 에이전트에 영향을 주는 과정에서 부가적인 정교한 조정의 효과가 존재하므로 아키텍처의 구조는 더 우아해진다.

```
foreach (Steering singleSteering in group)
{
    steering.linear += singleSteering.linear * weight;
    steering.angular += singleSteering.angular * weight;
```

```
}
```

참고 사항

벽 피하기 예제 중, 우선순위에 의한 섞기가 사용된 예제가 있다.

▌ 발사체 쏘기

이 예제는 공이나 수류탄과 같은 중력에 영향을 받는 물체들을 다루는 시나리오의 시금석이 될 것이다. 발사체의 착륙 지점을 예측하고, 주어진 목표로 발사체를 효과적으로 발사할 수 있게 된다.

준비 사항

이 예제는 지금까지의 예제와는 조금 다른데, AgentBehaviour 클래스를 상속받지 않는다.

예제 구현

1. 물리적인 특성을 다루는 멤버 변수들과 함께 Projectile 클래스를 만든다.

```
using UnityEngine;
using System.Collections;

public class Projectile : MonoBehaviour
{
    private bool set = false;
    private Vector3 firePos;
```

```
    private Vector3 direction;
    private float speed;
    private float timeElapsed;
}
```

2. Update 함수를 정의한다.

```
void Update ()
{
    if (!set)
        return;
    timeElapsed += Time.deltaTime;
    transform.position = firePos + direction * speed * timeElapsed;
    transform.position += Physics.gravity * (timeElapsed * timeElapsed) / 2.0f;
    // 현장 정리를 위한 추가 검증
    if (transform.position.y < -1.0f)
        Destroy (this.gameObject);// 또는 set = false;로 숨긴다.
}
```

3. 마지막으로, 게임 오브젝트를 발사하기 위한 Set 함수를 구현한다.

```
public void Set (Vector3 firePos, Vector3 direction, float speed)
{
    this.firePos = firePos;
    this.direction = direction.normalized;
    this.speed = speed;
    transform.position = firePos;
    set = true;
}
```

예제 분석

이 행위는 포물선 움직임을 만들기 위해 고등학교 수준의 물리 지식을 사용했다.

부연 설명

다른 접근 방법도 사용할 수 있다. Set 함수를 호출하는 대신에 스크립트를 공개 프로퍼티들public properties로 구현하거나 멤버 변수들을 공개로 선언하고, 프리팹의 기본값 비활성화를 한 상태에서 모든 프로퍼티들이 설정된 이후에 활성화되도록 스크립트를 구현한다. 이 방법으로 쉽게 객체 풀 패턴object pool pattern을 적용할 수 있다.

참고 사항

객체 풀 패턴에 대한 자세한 정보는 위키피디아와 온라인상의 공식 유니티 테크놀로지 비디오 튜토리얼을 참조하길 바란다.

- http://en.wikipedia.org/wiki/Object_pool_pattern
- http://unity3d.com/learn/tutorials/modules/beginner/live- training- archive/object-pooling

▌ 발사체의 착륙 지점 예측

플레이어가 발사체를 발사한 이후에 에이전트(우리의 AI)는 그것을 피하거나, 찾아야 할 수도 있다.

예를 들면 수류탄이 날아오면 에이전트는 살기 위해 피해야 한다. 그리고 축구공의 경우에는 공을 갖기 위해 공쪽으로 달려야 한다. 어떠한 경우든 에이전트의 발사체 착륙 지점 예측 능력은 매우 중요하다.

이번 예제에서는 착륙 지점을 계산하는 방법을 배울 것이다.

준비 사항

착륙 지점을 예측하기에 앞서 발사체가 땅에 부딪히기까지(혹은 특정 지점에 도달하기까지) 남은 시간을 아는 것이 중요하다. 그러므로 새로운 행위를 만드는 대신 Projectile 클래스를 보강할 필요가 있다.

예제 구현

1. 착륙 시간을 계산하기 위한 GetLandingTime 함수를 추가한다.

```
public float GetLandingTime (float height = 0.0f)
{
    Vector3 position = transform.position;
    float time = 0.0f;
    float valueInt = (direction.y * direction.y) * (speed * speed);
    valueInt = valueInt - (Physics.gravity.y * 2 * (position.y -height));
    valueInt = Mathf.Sqrt(valueInt);
    float valueAdd = (-direction.y) * speed;
    float valueSub = (-direction.y) * speed;
    valueAdd = (valueAdd + valueInt) / Physics.gravity.y;
    valueSub = (valueSub - valueInt) / Physics.gravity.y;
    if (float.IsNaN(valueAdd) && !float.IsNaN(valueSub))
        return valueSub;
    else if (!float.IsNaN(valueAdd) && float.IsNaN(valueSub))
        return valueAdd;
    else if (float.IsNaN(valueAdd) && float.IsNaN(valueSub))
        return -1.0f;
    time = Mathf.Max(valueAdd, valueSub);
    return time;
}
```

2. 이제 착륙 지점을 예측하는 GetLandingPos 함수를 추가한다.

```
public Vector3 GetLandingPos (float height = 0.0f)
{
```

```
        Vector3 landingPos = Vector3.zero;
        float time = GetLandingTime();
        if (time < 0.0f)
            return landingPos;
        landingPos.y = height;
        landingPos.x = firePos.x + direction.x * speed * time;
        landingPos.z = firePos.z + direction.z * speed * time;
        return landingPos;
    }
```

예제 분석

먼저, 고정된 높이와 주어진 발사체의 현재 위치와 속력으로 이전 예제로부터 만든 방정식을 풀고, 주어진 높이에 도달하는 데 걸릴 시간을 구할 수 있다.

부연 설명

방정식의 해가 하나이거나 둘 혹은 없을 수도 있기 때문에 값이 NaN인지 반드시 검증해야 한다. 게다가 착륙까지 0보다 작은 시간이 남아 있을 경우, 발사체가 목표 높이에 도달할 수 없음을 의미한다.

▌ 발사체 목표 정하기

발사체의 착륙 지점을 예측하는 것이 중요한 것처럼 발사체를 조준하는 인공지능 에이전트를 개발하는 것 역시 중요하다. 럭비 게임에서 럭비 선수가 볼을 패스할 수 없다면 그 게임은 재미 없을 것이다.

준비 사항

이전 예제와 마찬가지로 Projectile 클래스를 확장하기만 하면 된다.

예제 구현

이전에 해 놓은 작업 덕분에 이 예제는 매우 쉽다.

1. GetFireDirection 함수를 만든다.

```
public static Vector3 GetFireDirection (Vector3 startPos, Vector3
    endPos, float speed)
{
    // 코드 몸체
}
```

2. 발사체 착륙 지점 관련 이차 방정식의 해를 구한다.

```
Vector3 direction = Vector3.zero;
Vector3 delta = endPos - startPos;
float a = Vector3.Dot(Physics.gravity, Physics.gravity);
float b = -4 * (Vector3.Dot(Physics.gravity, delta) + speed *
    speed);
float c = 4 * Vector3.Dot(delta, delta);
if (4 * a * c > b * b)
    return direction;
float time0 = Mathf.Sqrt((-b + Mathf.Sqrt(b * b - 4 * a * c)) / (2*a));
float time1 = Mathf.Sqrt((-b - Mathf.Sqrt(b * b - 4 * a * c)) / (2*a));
```

3. 주어진 파라미터를 토대로 발사체를 발사할 수 있으면, 영이 아닌 방향 벡터를 반환한다.

```
float time;
if (time0 < 0.0f)
```

```
{
    if (time1 < 0)
        return direction;
    time = time1;
}
else {
    if (time1 < 0)
        time = time0;
    else
        time = Mathf.Min(time0, time1);
}
direction = 2 * delta - Physics.gravity * (time * time);
direction = direction / (2 * speed * time);
return direction;
```

예제 분석

필요한 방향을 얻기 위해 고정된 속도가 주어지면 해당하는 이차 방정식을 푼다(적어도 하나의 시간 값은 유효해야 한다). 이 방향 벡터는 정규화할 필요가 없는데, 발사체를 설정하는 동안 이미 정규화했기 때문이다.

부연 설명

시간 값이 음수일 때, 빈 방향^{blank direction}을 반환하는 것을 고려하라. 이것은 속도가 충분하지 않다는 것을 의미한다. 이것을 극복하는 방법은 다른 속도들을 테스트하는 함수를 정의하고, 발사체를 발사하는 것이다.

또 다른 향상된 방법은 두 가지 유효한 시간이 존재할 때(이 의미는 두 종류의 포물선이 가능하다는 것이다)와 벽과 같은 장애물을 넘어 발사해야 할 때에는 bool 파라미터를 추가한다.

```
if (isWall)
```

```
        time = Mathf.Max(time0, time1);
    else
        time = Mathf.Min(time0, time1);
```

점프 시스템 제작

플레이어가 언덕과 지붕을 탈출하는 멋진 게임을 개발하고 있다고 상상해보자. 이 경우 적은 플레이어를 추적해야 하고, 점프 시도를 결정할 만큼 영리해야 하며, 점프를 어떻게 해야 할지 측정해야 한다.

준비 사항

속도 수학을 에뮬레이트해 도달할 수 있도록 기본 속도 매칭$^{matching-velocity}$ 알고리즘과 점프 패드 및 착륙 패드의 개념을 만들어야 한다.

다음은 VelocityMatch 행위 클래스다.

```
using UnityEngine;
using System.Collections;

public class VelocityMatch : AgentBehaviour
{
    public float timeToTarget = 0.1f;

    public override Steering GetSteering ()
    {
        Steering steering = new Steering ();
        steering.linear = target.GetComponent<Agent> ().velocity - agent.velocity;
        steering.linear /= timeToTarget;
        if (steering.linear.magnitude > agent.maxAccel)
            steering.linear = steering.linear.normalized * agent.maxAccel;
        steering.angular = 0.0f;
```

```
        return steering;
    }
}
```

또한 JumpPoint 데이터 타입을 만든다.

```
using UnityEngine;
using System.Collections;

public class JumpPoint
{
    public Vector3 jumpLocation;
    public Vector3 landingLocation;
    // 점프에서부터 착륙까지의 위치 변화
    public Vector3 deltaPosition;

    public JumpPoint ()
        : this (Vector3.zero, Vector3.zero)
    {
    }

    public JumpPoint (Vector3 a, Vector3 b)
    {
        this.jumpLocation = a;
        this.landingLocation = b;
        this.deltaPosition = this.landingLocation - this.jumpLocation;
    }

}
```

예제 구현

1. 멤버 변수들과 함께 Jump 스크립트를 제작한다.

   ```
   using UnityEngine;
   using System.Collections.Generic;
   ```

```
public class Jump : VelocityMatch
{
    public JumpPoint jumpPoint;
    public float maxYVelocity;
    public Vector3 gravity = new Vector3(0, -9.8f, 0);
    Bool canArchieve = false;
    // 다음 단계
}
```

2. SetJumpPoint 함수를 구현한다.

```
public void SetJumpPoint(Transform jumpPad, Transform landingPad)
{
  jumpPoint = new JumpPoint(jumpPad.position, landingPad.position);
}
```

3. 대상을 계산하는 함수를 추가한다.

```
protected void CalculateTarget ()
{
    target = new GameObject ();
    target.AddComponent<Agent> ();
target.transform.position = jumpPoint.jumpLocation;
    // 처음 점프 시간을 계산한다.
    float sqrtTerm = Mathf.Sqrt (2f * gravity.y * jumpPoint.
    deltaPosition.y + maxYVelocity * agent.maxSpeed);
    float time = (maxYVelocity - sqrtTerm) / gravity.y;
    // 사용할 수 있는지 확인하고, 사용하지 못한다면 다음 번에 시도한다.
    if (!CheckJumpTime (time))
{
        time = (maxYVelocity + sqrtTerm) / gravity.y;
      }
}
```

4. CheckJumpTime 함수를 구현해 점프를 해야 하는지 판단한다.

```
private bool CheckJumpTime (float time)
{
    // 평면 속도를 계산한다.
    float vx = jumpPoint.deltaPosition.x / time;
    float vz = jumpPoint.deltaPosition.z / time;
    float speedSq = vx * vx + vz * vz;
    // 유효한 해가 존재하는지 확인한다.
    if (speedSq < agent.maxSpeed * agent.maxSpeed) {
        target.GetComponent<Agent> ().velocity = new Vector3 (vx,
            0f, vz);
        canAchieve = true;
        return true;
    }
    return false;
}
```

5. GetSteering 멤버 변수를 재정의한다.

```
public override Steering GetSteering ()
{
    Steering steering = new Steering ();
    if (target == null) {
        CalculateTarget ();
    }
    if (!canAchieve) {
        return steering;
    }
    // 점프 포인트에 도달했는지 확인한다.
    if (Mathf.Approximately ((transform.position - target.
        transform.position).magnitude, 0f) &&
        Mathf.Approximately ((agent.velocity - target.
            GetComponent<Agent> ().velocity).magnitude, 0f)) {
        // Projectile 행동 기반으로 점프 메서드를 호출한다.
        return steering;
    }
    return base.GetSteering ();
}
```

예제 분석

이 알고리즘은 에이전트의 속력을 고려해 에이전트가 착륙 패드에 도착할지 말지 결정하는 알고리즘이다. 에이전트가 착륙 패드에 도착할지 말지 결정하는 것이 가능하다고 판단하면 착륙 패드의 위치를 탐색하는 동안 대상의 수직 속도를 맞추려고 시도한다.

02

내비게이션

2장에서는 다음과 같은 예제를 다룰 것이다.

- 격자^{Grid}를 통한 세상 표현
- 가시점을 통한 세계 표현
- 수제$^{self-made}$ 내비게이션 메쉬를 통한 세계 표현
- DFS를 이용한 미로 탈출 경로 찾기
- BFS를 이용한 격자 내 최단 경로 찾기
- 다익스트라를 이용한 최단 경로 찾기
- A*를 이용한 가장 유망한 경로 찾기
- 메모리 사용을 개선한 A*: IDA*
- 다중 프레임 내비게이션 전략: 시분할 탐색
- 경로 부드럽게 하기

▌ 소개

2장에서는 복잡한 시나리오를 다루는 경로 찾기 알고리즘을 다룬다. 보통 게임 안의 세계는 미로나 열린 세계 혹은 그 사이의 다양하고 복잡한 구조로 이뤄져 있다. 그렇기 때문에 다양한 문제를 해결하기 위한 각기 다른 기술이 필요하다.

다양한 종류의 그래프 구조를 통해 세계를 표현하는 방법을 배우고, 각기 다른 상황에 맞는 경로를 찾기 위한 다양한 알고리즘을 배울 것이다.

지도를 항해하기 위해서 앞에서 배웠던 Seek와 Arrive 기술에 의존하는 길찾기 알고리즘을 되짚어보자.

▌ 격자를 통한 세상 표현

격자Grid는 구현하기 쉽고 시각화하기 쉽기 때문에 게임 세상을 표현하는 데 가장 많이 사용되는 구조다. 먼저 그래프 기본 이론과 특성을 배우면서 진보된 그래프 표현 방법의 기초를 쌓아보자.

준비 사항

먼저 Graph라는 추상 클래스를 작성해야 한다. 모든 그래프 표현법을 구현하기 위한 가상 메서드를 선언하는 이유는 아무리 내부적으로 꼭지점과 모서리가 표현되더라도, 여전히 길찾기 알고리즘은 고수준 알고리즘으로 존재하기 때문이다. 그렇게 함으로써 각각의 그래프 표현 종류에 따른 알고리즘의 재구현을 피할 수 있다.

이 클래스는 2장에서 배우는 각기 다른 표현 방법을 위한 부모 클래스로 사용된다. 이 책에서 다루지 않는 다른 그래프 표현법을 사용하기 원한다면, 이 클래스를 시작점으로 삼는 것이 좋다.

그 다음 내부적으로 그리드를 처리하는 그래프 서브 클래스를 구현할 것이다.

예제 구현

다음 코드는 Graph 클래스 코드다.

1. 멤버 변수와 함께 뼈대를 구축한다.

```
using UnityEngine;
using System.Collections;
using System.Collections.Generic;

public abstract class Graph : MonoBehaviour
{
    public GameObject vertexPrefab;
    protected List<Vertex> vertices;
    protected List<List<Vertex>> neighbours;
    protected List<List<float>> costs;
    // 다음 단계
}
```

2. Start 함수를 정의한다.

```
public virtual void Start ()
{
    Load ();
}
```

3. 이전에 호출했던 Load 함수를 정의한다.

```
public virtual void Load () { }
```

4. 그래프의 크기를 구하기 위한 함수를 구현한다.

```
public virtual int GetSize ()
```

```
{
    if (ReferenceEquals (vertices, null))
        return 0;
    return vertices.Count;
}
```

5. 주어진 점에서 가장 가까운 지점을 구하기 위한 함수를 정의한다.

```
public virtual Vertex GetNearestVertex (Vector3 position)
{
    return null;
}
```

6. id를 통해 점을 구하는 함수를 구현한다.

```
public virtual Vertex GetVertexObj (int id)
{
    if (ReferenceEquals (vertices, null) || vertices.Count == 0)
        return null;
    if (id < 0 || id >= vertices.Count)
        return null;
    return vertices [id];
}
```

7. 한 지점을 통해 인접한 지점을 구하는 함수를 구현한다.

```
public virtual Vertex[] GetNeighbours (Vertex v)
{
    if (ReferenceEquals (neighbours, null) || neighbours.Count == 0)
        return new Vertex[0];
    if (v.id < 0 || v.id >= neighbours.Count)
        return new Vertex[0];
    return neighbours [v.id].ToArray ();
}
```

또한 다음의 Vertext class 코드가 필요하다.

```
using UnityEngine;
using System.Collections.Generic;

[System.Serializable]
public class Vertex : MonoBehaviour
{
    public int id;
    public List<Edge> neighbours;
    [HideInInspector]
    public Vertex prev;
}
```

인접 지점 및 비용을 저장하는 클래스를 만들어야 한다. 이 클래스를 Edge라고 하자.

1. ICompareable을 상속하는 Edge 클래스를 만든다.

   ```
   using System;

   [System.Serializable]
   public class Edge : IComparable<Edge>
   {
       public float cost;
       public Vertex vertex;
       // 다음 단계
   }
   ```

2. 생성자를 구현한다.

   ```
   public Edge (Vertex vertex = null, float cost = 1f)
   {
       this.vertex = vertex;
       this.cost = cost;
   }
   ```

3. 비교 함수를 구현한다.

```
public int CompareTo (Edge other)
{
    float result = cost - other.cost;
    int idA = vertex.GetInstanceID ();
    int idB = other.vertex.GetInstanceID ();
    if (idA == idB)
        return 0;
    return (int)result;
}
```

4. 두 모서리를 비교하는 함수를 만든다.

```
public bool Equals (Edge other)
{
    return (other.vertex.id == this.vertex.id);
}
```

5. 두 객체를 비교하는 함수를 재정의한다.

```
public override bool Equals (object obj)
{
    Edge other = (Edge)obj;
    return (other.vertex.id == this.vertex.id);
}
```

6. 해시 코드를 가져오는 함수를 재정의한다. 이 함수는 이전 멤버 함수를 재정의할 때 필요하다.

```
public override int GetHashCode ()
{
    return this.vertex.GetHashCode ();
}
```

앞의 클래스를 만드는 것뿐만 아니라 바닥(아마도 낮은 높이의 정육면체)과 벽 혹은 장애물을 시각화하기 위해서는 정육면체^{cube primitive}를 기반으로 하는 여러 프리펩을 정의하는 것이 중요하다. 바닥 프리펩은 vertexPrefab 변수에 할당하고, 벽 프리펩은 obstaclePrefab 변수에 할당한다. 이는 다음 절에서 다룰 것이다.

마지막으로, Maps라는 디렉터리는 만들고 지도를 정의하는 텍스트 파일을 저장한다.

지금까지 구현한 격자 그래프에 심층적이고 구체적으로 접근해보자. 먼저 그래프를 다루는 함수들을 전부 구현하고, 전용 텍스트 파일 공간을 남겨 둘 것이다. 3장에서 많은 게임에서 실제 사용되는 열린 포맷^{open format}인 .map 파일을 어떻게 읽는지 배울 것이다.

1. Graph를 상속 받는 GraphGrid 클래스를 만든다.

```
using UnityEngine;
using System;
using System.Collections.Generic;
using System.IO;

public class GraphGrid : Graph
{
    public GameObject obstaclePrefab;
    public string mapName = "arena.map";
    public bool get8Vicinity = false;
    public float cellSize = 1f;
    [Range (0, Mathf.Infinity)]
    public float defaultCost = 1f;
    [Range (0, Mathf.Infinity)]
    public float maximumCost = Mathf.Infinity;
    string mapsDir = "Maps";
    int numCols;
    int numRows;
    GameObject[] vertexObjs;
    // 이 변수는 부연 설명에서
    // 테스트 파일을 읽는 데 필요하다.
    bool[,] mapVertices;
```

```
    // 다음 단계
}
```

2. 격자 위치를 정점의 인덱스로 변환하는 `GridToId`와 그 역의 역할을 하는 `idToGrid` 함수를 정의한다.

```
private int GridToId (int x, int y)
{
    return Math.Max (numRows, numCols) * y + x;
}

private Vector2 IdToGrid (int id)
{
    Vector2 location = Vector2.zero;
    location.y = Mathf.Floor (id / numCols);
    location.x = Mathf.Floor (id % numCols);
    return location;
}
```

3. 텍스트 파일을 읽기 위해 `LoadMap` 함수를 정의한다.

```
private void LoadMap (string filename)
{
    // TODO
    // vertices[i, j]: 논리적 관계 표현에 쓰임
    // vertexObjs[i, j]: 새로운 프리펩 인스턴스 할당에 쓰임
    // 위 두 변수들을 활용해 자신만의 격자 기반 파일을 읽는 절차를 여기에서 구현한다.
}
```

4. `LoadGraph` 함수를 재정의한다.

```
public override void LoadGraph ()
{
    LoadMap (mapName);
}
```

5. GetNearestVertex 함수를 재정의한다. 여기에서는 고전적인 방법을 사용했는데 장애물 정점에 대한 고려를 하지 않았다. 다음 단계에서 이를 개선할 방법을 배울 것이다.

```
public override Vertex GetNearestVertex (Vector3 position)
{
    position.x = Mathf.Floor (position.x / cellSize);
    position.y = Mathf.Floor (position.z / cellSize);
    int col = (int)position.x;
    int row = (int)position.z;
    int id = GridToId (col, row);
    return vertices [id];
}
```

6. GetNearestVertex 함수를 재정의한다. 여기에서는 너비 우선 탐색 알고리즘을 사용했는데, 3장에서 좀 더 깊게 배울 것이다.

```
public override Vertex GetNearestVertex (Vector3 position)
{
    int col = (int)(position.x / cellSize);
    int row = (int)(position.z / cellSize);
    Vector2 p = new Vector2 (col, row);
    // 다음 단계
}
```

7. 탐색을 완료한 위치(정점)를 저장할 리스트를 정의하고, 탐색할 예정인 위치의 큐를 정의한다.

```
List<Vector2> explored = new List<Vector2> ();
Queue<Vector2> queue = new Queue<Vector2> ();
queue.Enqueue (p);
```

8. 큐에 탐색할 요소element가 존재하지 않을 때까지 반복한다. 완료되면 null을 반환한다.

```
do {
p = queue.Dequeue ();
    col = (int)p.x;
    row = (int)p.y;

    int id = GridToId (col, row);
    // 다음 단계
} while (queue.Count != 0);
return null;
```

9. 유효한 정점을 발견 즉시 반환한다.

```
if (mapVertices [row, col])
    return vertices [id];
```

10. 위치가 탐색의 완료를 저장하는 리스트에 존재하지 않으면 추가한다.

```
if (!explored.Contains (p)) {
    explored.Add (p);
    int i, j;
    // 다음 단계
}
```

11. 선택된 지점과 인접한 모든 유효한 인접 정점을 큐에 추가한다.

```
for (i = row - 1; i <= row + 1; i++)
{
    for (j = col - 1; j <= col + 1; j++)
    {
        if (i < 0 || j < 0)
            continue;
        if (j >= numCols || i >= numRows)
            continue;
        if (i == row && j == col)
            continue;
        queue.Enqueue (new Vector2 (j, i));
```

```
        }
    }
```

예제 분석

이 알고리즘은 부모 클래스에서 상속받은 일반 함수의 인터페이스를 맞추기 위해서 비공개 함수를 활용하며, 2차원 벡터 위치를 1차원 벡터 혹은 벡터 인덱스로 변환하기 위해 간단한 수식이 들어가는 함수를 사용했다.

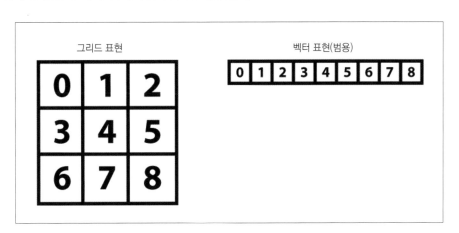

LoadMap 함수는 맵 파일을 사용해 구현해야 한다. 다음 절에서 그리드 기반 맵을 가지고 있는 텍스트 파일을 읽고 구현하는 방법을 배울 것이다. 이를 통해 파일을 어떻게 다룰지에 대한 아이디어를 얻을 수 있을 것이다. 실제 상용 포맷도 이와 동일하게 사용할 수도 있다.

부연 설명

하나의 예로써 .map 파일 포맷을 사용한 LoadMap 함수를 구현하는 방법을 배울 것이다.

1. 함수를 정의하고 파일을 읽기 위한 StreamReader 객체를 만든다.

```
private void LoadMap (string filename)
{
    string path = Application.dataPath + "/" + mapsDir + "/" + filename;
    try
    {
        StreamReader strmRdr = new StreamReader (path);
        using (strmRdr)
        {
            // 다음 단계는 여기에서
        }
    } catch (Exception e)
    {
        Debug.LogException (e);
    }
}
```

2. 필요한 변수를 선언하고 초기화한다.

```
int j = 0;
int i = 0;
int id = 0;
string line;
Vector3 position = Vector3.zero;
Vector3 scale = Vector3.zero;
```

3. 지도의 너비와 높이를 포함하고 있는 파일의 헤더를 읽는다.

```
line = strmRdr.ReadLine (); // 중요하지 않음
line = strmRdr.ReadLine (); // 높이
numRows = int.Parse (line.Split (' ') [1]);
line = strmRdr.ReadLine (); // 너비
numCols = int.Parse (line.Split (' ') [1]);
line = strmRdr.ReadLine (); // 파일에서 "map" 줄
```

4. 멤버 변수를 초기화하고 동시에 메모리를 할당한다.

```
vertices = new List<Vertex> (numRows * numCols);
```

```
neighbours = new List<List<Vertex>> (numRows * numCols);
costs = new List<List<float>> (numRows * numCols);
vertexObjs = new GameObject[numRows * numCols];
    mapVertices = new bool[numRows, numCols];
```

5. 각 라인에 있는 글자의 반복적 처리를 위한 루프를 선언한다.

```
for (i = 0; i < numRows; i++)
{
    line = strmRdr.ReadLine ();
    for (j = 0; j < numCols; j++) {
        // 다음 단계는 여기에서
    }
}
```

6. 읽어 들인 글자를 통해 논리적 표현 변수에 true 혹은 false를 할당한다.

```
bool isGround = true;
if (line [j] != '.')
    isGround = false;
mapVertices [i, j] = isGround;
```

7. 프리팹을 적절하게 인스턴스화 한다.

```
position.x = j * cellSize;
position.z = i * cellSize;
id = GridToId (j, i);
if (isGround)
    vertexObjs [id] = Instantiate (vertexPrefab, position, Quaternion.
        identity) as GameObject;
else
    vertexObjs [id] = Instantiate (obstaclePrefab, position, Quaternion.
        identity) as GameObject;
```

8. 새로운 게임 오브젝트를 그래프의 자식으로 할당하고, 이름을 정리한다.

```
vertexObjs [id].name = vertexObjs [id].name.Replace ("(Clone)", id.ToString
());
Vertex v = vertexObjs [id].AddComponent<Vertex> ();
v.id = id;
vertices.Add (v);
neighbours.Add (new List<Vertex> ());
costs.Add (new List<float> ());
float y = vertexObjs [id].transform.localScale.y;
scale = new Vector3(cellSize, y, cellSize);
vertexObjs[id].transform.localScale = scale;
vertexObjs[id].transform.parent = gameObject.transform;
```

9. 각 정점의 이웃^{neighbor}을 설정하기 위해서 이전 루프 바로 다음 줄에 이중 중첩 루프를 만든다.

```
for (i = 0; i < numRows; i++)
{
    for (j = 0; j < numCols; j++) {
        SetNeighbours (j, i);
    }
}
```

10. 이전 단계에서 호출한 SetNeighbours 함수를 정의한다.

```
protected void SetNeighbours (int x, int y, bool get8 = false)
{
    int col = x;
    int row = y;
    int i, j;
    int vertexId = GridToId (x, y);
    neighbours [vertexId] = new List<Vertex> ();

    costs [vertexId] = new List<float> ();
    Vector2[] pos = new Vector2[0];
    // 다음 단계
```

```
}
```

11. 인접한 여덟 점(위, 아래, 오른쪽, 왼쪽 그리고 코너)이 필요하면 적절한 값을 계산한다.

```
if (get8)
{
    pos = new Vector2[8];
    int c = 0;
    for (i = row - 1; i <= row + 1; i++)
    {
        for (j = col - 1; j <= col; j++)
        {
            pos [c] = new Vector2 (j, i);
            c++;
        }
    }
}
```

12. 인접한 네 점(코너가 없는)을 설정한다.

```
else
{
    pos = new Vector2[4];
    pos [0] = new Vector2 (col, row - 1);
    pos [1] = new Vector2 (col - 1, row);
    pos [2] = new Vector2 (col + 1, row);
    pos [3] = new Vector2 (col, row + 1);
}
```

13. 리스트에 있는 이웃을 추가한다. 인접 타입과 관계 없이 동일하다.

```
foreach (Vector2 p in pos)
{
    i = (int)p.y;
```

```
        j = (int)p.x;
        if (i < 0 || j < 0)
            continue;
        if (i >= numRows || j >= numCols)
            continue;
        if (i == row && j == col)
            continue;
        if (!mapVertices [i, j])
            continue;

        int id = GridToId (j, i);
        neighbours [vertexId].Add (vertices [id]);
        costs [vertexId].Add (defaultCost);
    }
```

참고 사항

사용된 지도의 포맷에 대한 자세한 정보와 인기 있는 게임의 무료 지도를 얻고자 한다면 스터트번트[Sturtevant] 교수가 이끄는 Moving AI Lab의 웹 사이트(http://movingai.com/benchmarks/)를 참조하길 바란다.

▌ 가시점을 통한 세계 표현

이것은 널리 사용되는 세계를 표현하는 다른 기술이다. 수동으로 일일이 놓은 위치거나 스크립트를 통해 자동으로 놓여진 위치던지 상관없이 유효한 길 찾기 영역에 놓인 모든 점을 기반으로 한다. 스크립트를 통해 자동으로 연결된 수동으로 놓여진 위치를 사용할 것이다.

준비 사항

이전 표현법과 마찬가지로 본격적으로 들어가기 이전에 몇 가지 준비가 필요하다.

- Graph 클래스 파일의 앞에 둘 Edge 클래스
- Graph 클래스에 GetEdges 함수 정의
- Vertex 클래스

 씬의 정점 오브젝트에는 반드시 콜라이더 컴포넌트가 붙어 있어야 할 뿐만 아니라, Vertex 태그가 할당돼야 한다. 정점 오브젝트는 구(Sphere primitive)형으로 통일하는 것을 권장한다.

예제 구현

1. Vertex를 상속받는 VertexVisibility 클래스를 만든다.

```
using UnityEngine;
using System.Collections.Generic;

public class VertexVisibility : Vertex
{
    void Awake ()
    {
        neighbours = new List<Edge> ();
    }
}
```

2. 정점들 사이의 연결 처리의 자동화를 위한 FindNeighbours 함수를 정의한다.

```
public void FindNeighbours (List<Vertex> vertices)
{
```

```
Collider c = gameObject.GetComponent<Collider> ();
c.enabled = false;
Vector3 direction = Vector3.zero;
Vector3 origin = transform.position;
Vector3 target = Vector3.zero;
RaycastHit[] hits;
Ray ray;
float distance = 0f;
// 다음 단계
}
```

3. 각각의 오브젝트를 돌면서 오브젝트가 완벽하게 보여지는지^{visible} 검증하는 레이캐스트를 수행한다. 유효하다면 이웃 리스트에 오브젝트를 추가한다.

```
for (int i = 0; i < vertices.Count; i++) {
    if (vertices [i] == this)
        continue;
    target = vertices [i].transform.position;
    direction = target - origin;
    distance = direction.magnitude;
    ray = new Ray (origin, direction);
    hits = Physics.RaycastAll (ray, distance);
    if (hits.Length == 1) {

        if (hits [0].collider.gameObject.tag.Equals ("Vertex")) {
            Edge e = new Edge ();
            e.cost = distance;
            GameObject go = hits [0].collider.gameObject;
            Vertex v = go.GetComponent<Vertex> ();
            if (v != vertices [i])
                continue;
            e.vertex = v;
            neighbours.Add (e);
        }
    }
}
c.enabled = true;
```

4. GraphVisibility 클래스를 만든다.

```
using UnityEngine;
using System.Collections.Generic;

public class GraphVisibility : Graph
{
    // 다음 단계
}
```

5. 정점들 사이를 연결하기 위한 Load 함수를 만든다.

```
public override void Load ()
{
    Vertex[] verts = GameObject.FindObjectsOfType<Vertex> ();
    vertices = new List<Vertex> (verts);
    for (int i = 0; i < vertices.Count; i++) {
        VertexVisibility vv = vertices [i] as VertexVisibility;
        vv.id = i;
        vv.FindNeighbours (vertices);
    }
}
```

6. GetNearestVertex 함수를 정의한다.

```
public override Vertex GetNearestVertex (Vector3 position)
{
    Vertex vertex = null;
    float dist = Mathf.Infinity;
    float distNear = dist;
    Vector3 posVertex = Vector3.zero;
    for (int i = 0; i < vertices.Count; i++) {
        posVertex = vertices [i].transform.position;

        dist = Vector3.Distance (position, posVertex);
        if (dist < distNear) {
            distNear = dist;
```

```
                vertex = vertices [i];
        }
    }
    return vertex;
}
```

7. GetNeighbours 함수를 정의한다.

```
public override Vertex[] GetNeighbours (Vertex v)
{
    List<Edge> edges = v.neighbours;
    Vertex[] ns = new Vertex[edges.Count];
    int i;
    for (i = 0; i < edges.Count; i++) {
        ns [i] = edges [i].vertex;
    }
    return ns;
}
```

8. GetEdges 함수를 재정의한다.

```
public override Edge[] GetEdges (Vertex v)
{
    return vertices [v.id].neighbours.ToArray ();
}
```

예제 분석

부모 클래스 GraphVisibility는 씬의 모든 정점을 인덱스화하고 각각의 정점에
FindNeighbours 함수를 호출해 적용한다. 이는 그래프를 만든 후 사용자가 적합하게
보이는 가시점을 직접 찾는 것을 넘어서 신경을 쓰지 않고도 정점들을 연결하기 위해
서다.

두 점 사이의 거리를 그래프 자료구조에서의 모서리에 비용으로 할당한다.

부연 설명

그래프에서 연결된 점을 보이게 하는 것은 중요하다. 이러한 접근 방법은 계단과 절벽을 고려하는 지능적인 그래프를 만드는 데 적합하다. 수정 모드에서 이 방법을 사용하기 위해서는 단지 에디터에 친숙한[editor-friendly] 클래스로 Load 함수를 옮기기만 하면 된다. 그리고 의도하는 대로 상응하는 모서리들을 수정하거나 삭제하면 된다.

무언가 빠트린 것이 있다고 생각하면 이전 예제의 준비 사항 절을 살펴보고 시작점에 대해 더 자세히 이해하길 바란다.

커스텀 에디터와 에디터 스크립팅 그리고 수정 모드에서 코드를 동작시키는 방법에 대한 더 자세한 내용은 다음의 유니티 문서를 참조하길 바란다.

- http://docs.unity3d.com/ScriptReference/Editor.html
- http://docs.unity3d.com/ScriptReference/ExecuteInEditMode.html
- http://docs.unity3d.com/Manual/PlatformDependentCompilation.html

▌수제(self-made) 내비게이션 메쉬를 통한 세계 표현

가끔 까다로운 상황에서는 커스텀 내비게이션 메시지가 필요하다. 그러나 일일이 수동으로 그래프의 정점들을 배치하기란 쉬운 일이 아니기 때문에 넓은 영역을 배치하기 위해서는 많은 시간이 필요하다.

메쉬의 삼각형의 중점들을 정점으로 하는 내비게이션 메쉬를 생성하기 위해 모델의 메쉬 사용법을 배울 것이다. 그리고 이전에 배운 예제를 활용해 어려운 문제를 해결할 것이다.

준비 사항

이 예제는 약간의 커스텀 에디터 스크립팅에 대한 지식과 그래프 표현법에서 가시점에 대한 이해와 구현이 필요하다. 다른 그래프 표현법과 마찬가지로 씬에서 자동으로 프리펩으로 할당된 CustomNavMesh 게임 오브젝트를 인스턴스화하는 스크립트에 대해 언급할 필요가 있다.

마지막으로 GraphVisibility 클래스를 상속받는 다음의 클래스를 만든다.

```
using UnityEngine;
using System.Collections;
using System.Collections.Generic;

public class CustomNavMesh : GraphVisibility
{
    public override void Start ()
    {
        instIdToId = new Dictionary<int, int> ();
    }
}
```

예제 구현

그래프의 Start 함수에 가중치를 직접 적는 절차 및 씬의 로딩 시간 지연 없는 자동화 절차를 쉽게 하기 위해 에디터 윈도우를 만들어보자.

1. CustomNavMeshWindow 클래스를 만들고, Editor 디렉터리에 저장한다.

   ```
   using UnityEngine;
   using UnityEditor;
   using System.Collections;
   using System.Collections.Generic;
   public class CustomNavMeshWindow : EditorWindow
   ```

```
    {
        // 다음 단계는 여기에서
    }
```

2. 에디터 윈도우의 특성 값을 추가한다.

```
static bool isEnabled = false;
static GameObject graphObj;
static CustomNavMesh graph;
static CustomNavMeshWindow window;
static GameObject graphVertex;
```

3. 윈도우를 초기화하고 보여주기 위한 함수를 구현한다.

```
[MenuItem ("UAIPC/Ch02/CustomNavMeshWindow")]
    static void Init ()
    {
        window = EditorWindow.GetWindow<CustomNavMeshWindow> ();
        window.title = "CustomNavMeshWindow";

        SceneView.onSceneGUIDelegate += OnScene;
        graphObj = GameObject.Find ("CustomNavMesh");
        if (graphObj == null) {
            graphObj = new GameObject ("CustomNavMesh");
            graphObj.AddComponent<CustomNavMesh> ();
            graph = graphObj.GetComponent<CustomNavMesh> ();
        } else {
            graph = graphObj.GetComponent<CustomNavMesh> ();
            if (graph == null)
                graphObj.AddComponent<CustomNavMesh> ();
            graph = graphObj.GetComponent<CustomNavMesh> ();
        }
    }
```

4. OnDestory 함수를 정의한다.

```
void OnDestroy ()
{
    SceneView.onSceneGUIDelegate -= OnScene;
}
```

5. 윈도우의 내부를 그리기 위해 OnGUI 함수를 구현한다.

```
void OnGUI ()
{
    isEnabled = EditorGUILayout.Toggle ("Enable Mesh Picking", isEnabled);
    if (GUILayout.Button ("Build Edges")) {
        if (graph != null)
            graph.LoadGraph ();
    }
}
```

6. 씬 윈도우의 좌클릭을 다루기 위한 OnScene 함수의 절반을 구현한다.

```
private static void OnScene (SceneView sceneView)
{
    if (!isEnabled)
        return;
    if (Event.current.type == EventType.MouseDown) {
        graphVertex = graph.vertexPrefab;
        if (graphVertex == null) {

            Debug.LogError ("No Vertex Prefab assigned");
            return;
        }
        Event e = Event.current;
        Ray ray = HandleUtility.GUIPointToWorldRay (e.
            mousePosition);
        RaycastHit hit;
        GameObject newV;
        // 다음 단계
```

```
        }
    }
```

7. 메쉬를 클릭했을 때의 행위를 위해 나머지 절반을 구현한다.

```
if (Physics.Raycast (ray, out hit)) {
    GameObject obj = hit.collider.gameObject;
    Mesh mesh = obj.GetComponent<MeshFilter> ().sharedMesh;
    Vector3 pos;
    int i;
    for (i = 0; i < mesh.triangles.Length; i += 3) {
        int i0 = mesh.triangles [i];
        int i1 = mesh.triangles [i + 1];
        int i2 = mesh.triangles [i + 2];
        pos = mesh.vertices [i0];
        pos += mesh.vertices [i1];
        pos += mesh.vertices [i2];
        pos /= 3;
        newV = (GameObject)Instantiate (graphVertex, pos, Quaternion.identity);
        newV.transform.Translate (obj.transform.position);
        newV.transform.parent = graphObj.transform;
        graphObj.transform.parent = obj.transform;
    }
}
```

예제 분석

커스텀 에디터 윈도우를 제작했고 씬 윈도우의 이벤트를 다루기 위한 OnScene라는 델리게이트 함수를 설정했다. 또한 메쉬 정점 배열의 탐색을 통해 그래프 노드를 만들수 있다. 마지막으로, 이웃점을 계산하기 위해 그래프의 LoadGraph 함수를 사용했다.

▌ DFS를 이용한 미로 탈출 경로 찾기

탐색^{DFS} 알고리즘은 메모리가 적은 장비에 알맞는 길찾기 방법이다. 미로 탈출 경로를 찾는 일반적으로 사용되는 다른 방법은 노드의 리스트를 방문하고 찾는 것을 조금 수정하는 것이다. 하지만 역시 주요 알고리즘은 동일하다.

준비 사항

이 알고리즘은 각각의 그래프의 주요 함수의 구현에 의존하는 고수준 알고리즘이다. 이 알고리즘은 Graph 클래스 안에서 구현된다.

이 예제에서 실제 오브젝트나 정점 ID를 조작할 때 주의 깊게 살펴 보길 권한다.

예제 구현

이 예제가 함수를 정의하고 있다. 코드 구현 및 흐름을 이해하기 위해 코드 안에 있는 주석을 주의 깊게 살펴보기 바란다.

1. GetPathDFS 함수를 정의한다.

```
public List<Vertex> GetPathDFS(GameObject srcObj, GameObject dstObj)
{
    // 다음 단계
}
```

2. 입력 객체가 null인지 확인하는 코드를 작성한다.

```
if (srcObj == null || dstObj == null)
    return new List<Vertex>();
```

3. 알고리즘에 필요한 변수를 선언하고 초기화한다.

```
Vertex src = GetNearestVertex(srcObj.transform.position);
Vertex dst = GetNearestVertex(dstObj.transform.position);
Vertex[] neighbours;
Vertex v;
int[] previous = new int[vertices.Count];
for (int i = 0; i < previous.Length; i++)
    previous[i] = -1;
previous[src.id] = src.id;
Stack<Vertex> s = new Stack<Vertex>();
s.Push(src);
```

4. 경로를 찾기 위한 DFS 알고리즘을 구현한다.

```
while (s.Count != 0)
{
    v = s.Pop();
    if (ReferenceEquals(v, dst))
    {
        return BuildPath(src.id, v.id, ref previous);
    }

    neighbours = GetNeighbours(v);
    foreach (Vertex n in neighbours)
    {
        if (previous[n.id] != -1)
            continue;
        previous[n.id] = v.id;
        s.Push(n);
    }
}
```

예제 분석

이 알고리즘은 반복적인^{iterative} DFS이다. 노드 방문을 위한 스택과 발견한 노드를 추가하기 위한 스택을 사용한 LIFO 철학과 순차적 그래프 순회에 기반한 알고리즘이다.

참고 사항

BuildPath 함수를 호출했지만 아직 구현하지는 않았다. 이 함수는 중요하지만 2장의 거의 모든 다른 경로 찾기 알고리즘에서 이 함수를 호출하기 때문에 메인 레시피에 넣지 않았다.

다음 코드가 BuildPath 메서드다.

```
private List<Vertex> BuildPath(int srcId, int dstId, ref int[] prevList)
{
    List<Vertex> path = new List<Vertex>();
    int prev = dstId;
    do
    {
        path.Add(vertices[prev]);
        prev = prevList[prev];
    } while (prev != srcId);
    return path;
}
```

▌ BFS를 이용한 격자 내 최단 경로 찾기

너비 우선 탐색^{BFS} 알고리즘은 다른 기본 그래프 탐색 방법이다. 우선 탐색 알고리즘의 목표는 메모리 사용량을 희생해 가능한 적은 절차를 거쳐 최단 경로를 얻는 것이다. 특히 게임에서 하이엔드 콘솔과 컴퓨터에서 사용된다.

준비 사항

각 그래프의 일반 함수 구현에 의존하는 고수준 알고리즘이므로 Graph 클래스에서 구현한다.

예제 구현

이 예제가 단지 함수를 정의하는 데 불과하더라도, 들여쓰기와 코드 흐름을 효과적으로 이해하기 위해 코드의 주석을 집중적으로 확인하기 바란다.

1. GetPathDFS 함수를 정의한다.

```
public List<Vertex> GetPathBFS(GameObject srcObj, GameObject dstObj)
{
    if (srcObj == null || dstObj == null)
        return new List<Vertex>();
    // 다음 단계
}
```

2. 알고리즘에 필요한 변수들을 선언하고 초기화한다.

```
Vertex[] neighbours;
Queue<Vertex> q = new Queue<Vertex>();
Vertex src = GetNearestVertex(srcObj.transform.position);
Vertex dst = GetNearestVertex(dstObj.transform.position);
Vertex v;
int[] previous = new int[vertices.Count];
for (int i = 0; i < previous.Length; i++)
    previous[i] = -1;
previous[src.id] = src.id;
q.Enqueue(src);
```

3. 경로를 찾기 위한 BFS 알고리즘을 구현한다.

```
while (q.Count != 0)
{
    v = q.Dequeue();
    if (ReferenceEquals(v, dst))
    {
        return BuildPath(src.id, v.id, ref previous);
    }

    neighbours = GetNeighbours(v);
    foreach (Vertex n in neighbours)
    {
        if (previous[n.id] != -1)
            continue;
        previous[n.id] = v.id;
        q.Enqueue(n);
    }
}
return new List<Vertex>();
```

예제 분석

BFS 알고리즘은 기본적으로 순차적인 그래프 순회를 기반으로 하고 있기 때문에 DFS 알고리즘과 비슷하다. 그러나 DFS가 스택을 사용하는 대신, BFS는 노드를 방문하고 발견하는 데 큐를 사용한다.

부연 설명

눈치채지 못했을 독자를 위해 말하자면 DFS를 이용한 미로 탈출 경로 찾기의 예제 끝 부분에 이야기했기 때문에 BuildPath 메서드를 구현하지 않았다.

다익스트라를 이용한 최단 경로 찾기

다익스트라 알고리즘은 원래 그래프에서 최단 경로 문제에서 하나의 경로만을 찾기위해 고안됐다. 다익스트라 알고리즘은 한 점에서 다른 모든 점까지의 가장 비용이 적은 경로를 찾는다. 여기에서는 두 가지 다른 접근 방법을 사용해 어떻게 알고리즘을 사용하는지 배울 것이다.

준비 사항

처음으로 해야 할 작업은 닷넷 프레임워크나 모노에서 이진 힙 혹은 우선순위 큐를 다루기 위해 정의한 구조체를 사용하는 것이 아닌 Game Programming Wiki(GPWiki)의 이진 힙을 프로젝트로 불러오는 것이다.

이 소스 파일은 더 이상 위키에서 다운로드할 수 없지만 이 책의 온라인 저장소에 올려됐다.

예제 구현

다른 알고리즘과 동일하게 같은 파라미터 개수를 써서 다익스트라 알고리즘을 구현하는 방법에 대해 배울 것이다. 그런 후 알고리즘의 목적에 맞게 최대한 활용하는 방법을 설명할 것이다.

1. 내부 변수들과 함께 `GetPathDijkstra` 함수를 정의한다.

```
public List<Vertex> GetPathDijkstra(GameObject srcObj, GameObject dstObj)
{
    if (srcObj == null || dstObj == null)
        return new List<Vertex>();
    Vertex src = GetNearestVertex(srcObj.transform.position);
    Vertex dst = GetNearestVertex(dstObj.transform.position);
      GPWiki.BinaryHeap<Edge> frontier = new GPWiki.BinaryHeap<Edge>();
```

```
Edge[] edges;

Edge node, child;
int size = vertices.Count;
float[] distValue = new float[size];

// 다음 단계
}
```

2. 원천 노드를 힙(우선 순위 큐로 동작)에 추가한다. 무한대^{infinity} 값의 거리 값을 원 천 노드를 제외한 모든 노드에 할당한다.

```
int[] previous = new int[size];
node = new Edge(src, 0);
frontier.Add(node);
distValue[src.id] = 0;
previous[src.id] = src.id;
for (int i = 0; i < size; i++)
{
    if (i == src.id)
        continue;
    distValue[i] = Mathf.Infinity;
    previous[i] = -1;
}
```

3. 큐가 비어있지 않을 동안 반복되는 루프를 정의한다.

```
while (frontier.Count != 0)
  {
      node = frontier.Remove();
      int nodeId = node.vertex.id;
      // 다음 단계
  }
  return new List<Vertex>();
```

114

4. 목적지에 도착할 때의 절차를 코드화한다.

```
if (ReferenceEquals(node.vertex, dst))
{
    return BuildPath(src.id, node.vertex.id, ref previous);
}
```

5. 도착하지 않은 경우, 노드 방문을 진행하고 노드의 이웃을 큐에 추가한 후 경로를 반환한다(원천 정점에서 목적지 정점까지의 경로가 존재한다면 비어 있지 않다).

```
edges = GetEdges(node.vertex);
foreach (Edge e in edges)
{
    int eId = e.vertex.id;
    if (previous[eId] != -1)

        continue;
    float cost = distValue[nodeId] + e.cost;
    if (cost < distValue[e.vertex.id])
    {
        distValue[eId] = cost;
        previous[eId] = nodeId;
        frontier.Remove(e);
        child = new Edge(e.vertex, cost);
        frontier.Add(child);
    }
}
```

예제 분석

다익스트라 알고리즘은 BFS와 비슷한 방법으로 동작하지만, 원천 정점에서 다른 모든 정점까지의 최단 경로를 구하기 위해서는 음수가 아닌 모서리 비용[edge costs]에만 사용할 수 있다. 그렇기 때문에 이전 정점을 저장하는 배열을 가지고 있어야 한다.

부연 설명

전처리 기술과 경로 탐색 시간의 최적화를 통해 문제를 접근하기 위해 다익스트라 알고리즘을 어떻게 수정할 것인지 배울 것이다. 크게 보면 3가지 단계로 나눌 수 있다. 알고리즘을 수정하고, 전처리 함수를 만든다(예를 들어 에디터 모드를 통한). 마지막으로 경로 추출 함수를 정의한다.

1. 메인 함수의 시그니처를 수정한다.

```
public int[] Dijkstra(GameObject srcObj)
```

2. 반환 값을 바꾼다.

```
return previous;
```

3. 예제 구현의 4번째 단계의 코드들을 제거한다.

```
if (ReferenceEquals(node.vertex, dst))
{
    return BuildPath(src.id, node.vertex.id, ref previous);
}
```

또한 처음 줄부터 아래 줄까지 삭제한다.

```
Vertex dst = GetNearestVertex(dstObj.transform.position);
```

4. Graph 클래스에 새로운 멤버 변수를 만든다.

```
List<int[]> routes = new List<int[]>();
```

5. `DijkstraProcessing` 전처리 함수를 정의한다.

```
public void DijkstraProcessing()
{
    int size = GetSize();
    for (int i = 0; i < size; i++)
    {
        GameObject go = vertices[i].gameObject;
        routes.add(Dijkstra(go));
    }
}
```

6. 경로를 추출하기 위한 `GetPathDijkstra` 함수를 구현한다.

```
public List<Vertex> GetPathDijkstra(GameObject srcObj, GameObject dstObj)
{
    List<Vertex> path = new List<Vertex>();
    Vertex src = GetNearestVertex(srcObj);
    Vertex dst = GetNearestVertex(dstObj);
    return BuildPath(src.id, dst.id, ref routes[dst.id]);
}
```

2장, '내비게이션'의 DFS를 이용한 미로 탈출 경로 찾기의 끝부분에서 BuildPath 함수를 이야기했기 때문에 BuildPath 함수를 구현하지 않았다.

┃ A*를 활용한 가장 유망한 경로 찾기

알고리즘 구현의 단순함과 효율성 그리고 최적화를 위한 공간 덕택에 아마 A* 알고리즘은 경로 탐색 알고리즘 중 가장 많이 사용하는 알고리즘일 것이다. 수많은 알고리즘이 A* 알고리즘을 기반으로 개발된 것은 결코 우연히 아니다. 동시에 A*은 다익스트라 알고리즘과 일정 부분 뿌리가 동일하기 때문에, 구현할 때도 유사한 점을 찾을 수 있을 것이다.

준비 사항

이번 예제에서도 다익스트라 알고리즘과 마찬가지로 GPWiki의 이진 힙을 사용한다. 델리게이트delegates가 무엇인지, 어떻게 동작하는지에 대해 이해하는 것도 역시 중요하다. 마지막으로 informed search의 세계로 들어가기 위해서는 휴리스틱이 무엇이고, 무엇을 위해 쓰이는지에 대한 이해가 필요하다.

이 예제의 목표를 요약해보면, 휴리스틱은 다른 대안들과 비교해 최소 비용을 선택하기 위해 두 지점 사이의 비용을 대략적으로 계산해주는 함수다.

Graph class에 자그마한 변화를 준다.

1. 델리게이트 멤버 변수를 정의한다.

    ```
    public delegate float Heuristic(Vertex a, Vertex b);
    ```

2. 기본 휴리스틱으로 사용하는 유클리디안Euclidean 거리 멤버 함수를 구현한다.

    ```
    public float EuclidDist(Vertex a, Vertex b)
    {
        Vector3 posA = a.transform.position;
        Vector3 posB = b.transform.position;
        return  Vector3.Distance(posA, posB);
    }
    ```

3. 다른 휴리스틱으로 사용하는 맨해튼Manhattan 거리 함수를 구현한다. 다른 휴리스틱 함수를 사용한 결과 비교에 도움이 될 것이다.

```
public float ManhattanDist(Vertex a, Vertex b)
{
    Vector3 posA = a.transform.position;
    Vector3 posB = b.transform.position;
    return Mathf.Abs(posA.x - posB.x) + Mathf.Abs(posA.y - posB.y);
}
```

예제 구현

이 예제가 함수 정의에 지나지 않더라도, 들여쓰기와 코드의 흐름을 효과적으로 이해하기 위해 주석을 집중해서 살펴보길 권장한다.

1. 멤버 변수들 사이에 GetPathAstar 함수를 정의한다.

```
public List<Vertex> GetPathAstar(GameObject srcObj, GameObject dstObj,
Heuristic h = null)
{
    if (srcObj == null || dstObj == null)
        return new List<Vertex>();
    if (ReferenceEquals(h, null))
        h = EuclidDist;

    Vertex src = GetNearestVertex(srcObj.transform.position);
    Vertex dst = GetNearestVertex(dstObj.transform.position);
    GPWiki.BinaryHeap<Edge> frontier = new GPWiki.BinaryHeap<Edge>();
    Edge[] edges;
    Edge node, child;
    int size = vertices.Count;
    float[] distValue = new float[size];
    int[] previous = new int[size];
    // 다음 단계
}
```

2. 원천 노드를 힙(우선순위 큐로 동작)에 추가하고 원천 노드를 제외한 모든 노드의

거리 값을 무한대 값으로 할당한다.

```
node = new Edge(src, 0);
frontier.Add(node);
distValue[src.id] = 0;
previous[src.id] = src.id;
for (int i = 0; i < size; i++)
{
    if (i == src.id)
        continue;
    distValue[i] = Mathf.Infinity;
    previous[i] = -1;
}
```

3. 그래프 탐색 루프를 선언한다.

```
while (frontier.Count != 0)
{
    // 다음 단계
}
return new List<Vertex>();
```

4. 필요할 때 경로를 반환하기 위한 조건들을 구현한다.

```
node = frontier.Remove();
int nodeId = node.vertex.id;
if (ReferenceEquals(node.vertex, dst))
{
    return BuildPath(src.id, node.vertex.id, ref previous);
}
```

5. 정점의 이웃들을 구한다(다른 책에서는 후계자들successors라고도 한다).

```
edges = GetEdges(node.vertex);
```

6. 비용 함수를 계산하기 위한 이웃들을 순회한다.

```
foreach (Edge e in edges)
{
    int eId = e.vertex.id;
    if (previous[eId] != -1)
        continue;
    float cost = distValue[nodeId] + e.cost;
    // 중요 지점
    cost += h(node.vertex, e.vertex);
    // 다음 단계
}
```

7. 방문한 노드^{frontier}들을 확장하고, 필요한 경우 비용을 갱신한다.

```
if (cost < distValue[e.vertex.id])
{
    distValue[eId] = cost;
    previous[eId] = nodeId;
    frontier.Remove(e);
    child = new Edge(e.vertex, cost);
    frontier.Add(child);
}
```

예제 분석

A* 알고리즘은 다익스트라 알고리즘과 비슷한 방식으로 동작한다. 하지만 모든 가능한 옵션들로부터 가장 낮은 비용의 노드를 선택하는 대신, A* 알고리즘은 휴리스틱을 기반한 가장 유망한 노드의 선택을 반복한다. 여기에서 기본 휴리스틱은 단지 두 정점 사이의 유클리디안 거리를 기반으로 했고, 옵션 휴리스틱은 맨해튼 거리를 사용했다.

부연 설명

게임과 상황에 따라서 다른 종류의 휴리스틱 함수를 사용하는 것도 좋은 방법이다. 다음은 어떻게 다른 휴리스틱을 사용하는지에 대한 예제다.

Graph 클래스에 휴리스틱 함수를 정의한다.

```
public float Heuristic(Vertex a, Vertex b)
{
    float estimation = 0f;
    // 자신만의 로직을 여기에 작성
    return estimation;
}
```

여기에서 중요한 점은 우리가 개발한 휴리스틱은 모두 허용 가능하며 일관적이라는 점이다.

이 주제에 대한 이론적인 통찰력이 더 필요하다면 스튜어트 러셀Stuart Russell과 피터 노빅Peter Norvig의 『Artificial Intelligence: A Modern Approach』을 참조하라.

BuildPath는 2장, '내비게이션'의 DFS를 이용한 미로 탈출 경로 찾기의 끝부분에서 이야기했기 때문에 이 절에서는 BuildPath를 구현하지 않았다.

참고 사항

- 다익스트라를 활용한 최단경로 찾기 예제
- DFS를 활용한 미로 탈출 경로 찾기 예제

델리게이트에 대한 더 자세한 정보는 온라인상의 공식 문서를 참조하기 바란다.

https://unity3d.com/learn/tutorials/modules/intermediate/ scripting/delegates

메모리 사용을 개선한 A* : IDA*

IDA*은 변종 알고리즘으로 '반복적인 심화깊이 우선 탐색'이라고 불린다. IDA*의 메모리 사용은 A*보다 적은데, 그 이유는 살펴보거나 탐색한 노드들을 저장하는 데 데이터 구조체들을 사용하지 않기 때문이다.

준비 사항

이 예제를 이해하기 위해서는 재귀가 어떻게 동작하는지를 이해하는 것이 중요하다.

예제 구현

이 긴 예제는 메인 함수를 만들고, 내부 재귀를 만드는 크게 두 단계의 절차로 볼 수 있다. 코드에 있는 들여쓰기와 코드 흐름을 효율적으로 이해하기 위해 주석을 주의 깊게 살펴보길 바란다.

1. GetPathIDAstar라는 메인 함수를 정의하는 것으로부터 시작하자.

```
public List<Vertex> GetPathIDAstar(GameObject srcObj, GameObject dstObj,
Heuristic h = null)
{
    if (srcObj == null || dstObj == null)
        return new List<Vertex>();
    if (ReferenceEquals(h, null))
        h = EuclidDist;
    // 다음 단계
}
```

2. 알고리즘 사이에 사용할 변수들을 선언하고 계산한다.

```
List<Vertex> path = new List<Vertex>();
Vertex src = GetNearestVertex(srcObj.transform.position);
```

```
Vertex dst = GetNearestVertex(dstObj.transform.position);
Vertex goal = null;
bool[] visited = new bool[vertices.Count];
for (int i = 0; i < visited.Length; i++)
    visited[i] = false;
visited[src.id] = true;
```

3. 알고리즘의 루프를 구현한다.

```
float bound = h(src, dst);
while (bound < Mathf.Infinity)
{
    bound = RecursiveIDAstar(src, dst, bound, h, ref goal, ref visited);
    }
    if (ReferenceEquals(goal, null))
        return path;
    return BuildPath(goal);
```

4. 내부 재귀 함수를 만들 차례다.

```
private float RecursiveIDAstar(
        Vertex v,
        Vertex dst,
        float bound,
        Heuristic h,
        ref Vertex goal,
        ref bool[] visited)
{
    // 다음 단계
}
```

5. 재귀를 시작하기 위한 모든 것들을 준비한다.

```
    // 기본인 경우
if (ReferenceEquals(v, dst))
    return Mathf.Infinity;
```

```
Edge[] edges = GetEdges(v);
if (edges.Length == 0)
    return Mathf.Infinity;
```

6. 각각의 이웃마다 재귀를 적용한다.

```
// 재귀인 경우
float fn = Mathf.Infinity;
foreach (Edge e in edges)
{
    int eId = e.vertex.id;
    if (visited[eId])
        continue;
    visited[eId] = true;
    e.vertex.prev = v;
    float f = h(v, dst);
    float b;
    if (f <= bound)
    {
        b = RecursiveIDAstar(e.vertex, dst, bound, h, ref goal, ref visited);
        fn = Mathf.Min(f, b);
    }
    else
        fn = Mathf.Min(fn, f);
}
```

7. 재귀의 결과에 따른 값을 반환한다.

```
return fn;
```

예제 분석

위에서 본대로 이 알고리즘은 깊이 우선 탐색의 DFS 재귀 버전과 매우 유사하다. 하지만, 마지막 결정을 내리는 데 있어서 A*으로부터 온 휴리스틱을 사용한다. 메인 함수의 역할은 재귀를 시작하고 경로 결과를 만드는 것이고, 재귀 함수의 역할은 그래프를 순회하고 목적지 노드를 찾는 것이다.

부연 설명

이전 경로 찾기 예제들을 진행해 봤다면 이번에는 다른 BuildPath 함수를 구현할 필요가 있다. 그렇지 않다면, 아직 정의하지 않은 이 메서드를 구현해야 한다.

```csharp
private List<Vertex> BuildPath(Vertex v)
{
    List<Vertex> path = new List<Vertex>();
    while (!ReferenceEquals(v, null))
    {
        path.Add(v);
        v = v.prev;
    }
    return path;
}
```

▌ 다중 프레임 내비게이션 전략: 시분할 탐색

큰 그래프를 다룰 때, 경로를 계산하는 데 많은 시간이 걸릴 수 있다. 심지어는 게임이 몇 초 동안 멈추게 할 수도 있다. 이것은 전체적인 경험을 망치게 할 수도 있지만 운 좋게 이것을 피하는 방법들이 있다.

 이 예제는 백그라운드에서 경로를 찾는 동안에 게임이 부드럽게 진행되도록 하는 메서드를 코루틴을 기반으로 만들었다. 코루틴에 대한 약간의 지식이 필요하다.

준비 사항

이전에 배운 A* 알고리즘을 리팩토링을 통해 코루틴을 사용해 경로 탐색 기술을 구현하는 방법을 배울 것이다. 그러나 다른 함수처럼 시그니처를 다룬다.

예제 구현

이 예제가 함수 정의에 지나지 않더라도 구현과 코드의 흐름을 효과적으로 이해하기위해 주석을 집중해서 보기 바란다.

1. Graph 클래스를 수정하고 몇 가지 멤버 변수들을 추가한다. 하나는 경로를 저장하고, 다른 하나는 코루틴이 끝났는지 확인하는 용도로 사용한다.

```
public List<Vertex> path;
public bool isFinished;
```

2. 멤버 함수를 선언한다.

```
public IEnumerator GetPathInFrames(GameObject srcObj, GameObject dstObj,
Heuristic h = null)
{
   // 다음 단계
}
```

3. 시작하는 곳에 다음의 멤버 변수들을 추가한다.

```
isFinished = false;
path = new List<Vertex>();
if (srcObj == null || dstObj == null)
{
    path = new List<Vertex>();
    isFinished = true;
    yield break;
```

```
    }
```

4. 그래프 순회 루프를 수정한다.

```
while (frontier.Count != 0)
{
    // A*에서 변화
    yield return null;
    /////////////////////////////
    node = frontier.Remove();
```

5. 또한 다른 경로의 추출 확인을 추가한다.

```
if (ReferenceEquals(node.vertex, dst))
{
    // A*에서 변화
    path = BuildPath(src.id, node.vertex.id, ref previous);
    break;
    /////////////////////////////
}
```

6. 메인 루프를 종료한 후에 함수의 끝쪽에 변수를 적합한 값들로 리셋하고, 반환을 조절한다.

```
isFinished = true;
yield break;
```

예제 분석

메인 루프 안에서의 Yield return null 구문은 고수준 함수들의 컨트롤을 전달하는 일종의 플래그로 동작한다. 따라서 유니티의 내부 멀티 태스킹 시스템을 사용해 매번 새로운 프레임마다 새로운 루프를 수행한다.

참고 사항

- A*을 활용한 가장 유망한 경로 찾기 예제

코루틴에 대한 좀더 자세한 정보와 더 많은 예제는 다음 웹 사이트에서 공식 문서를 확인하길 바란다.

- http://docs.unity3d.com/Manual/Coroutines.html
- https://unity3d.com/learn/tutorials/modules/intermediate/ scripting/ coroutines

▌ 경로 부드럽게 하기

그리드와 같은 그래프의 일반 크기의 모서리를 다룰 때 게임 안의 에이전트가 로봇처럼 움직이는 것이 일반적이다. 개발하는 게임의 종류에 따라서 앞으로 배우게 될 경로를 부드럽게 하기 위한 기술을 사용해 이 현상을 피할 수 있다.

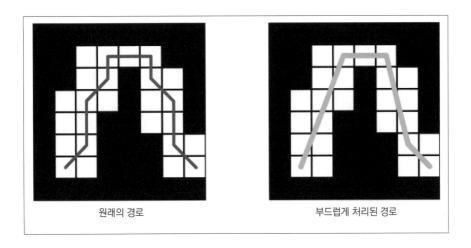

원래의 경로   부드럽게 처리된 경로

준비 사항

유니티 에디터에서 Wall이라는 새로운 태그를 정의해보자. 그리고 이 태그를 내비게 이션 상의 벽이나 장애물로 간주되는 씬의 모든 객체들에 할당한다.

예제 구현

매우 쉽지만 강력한 함수다.

1. Smooth 함수를 정의한다.

```
public List<Vertex> Smooth(List<Vertex> path)
{
    // 다음 단계
}
```

2. 새로운 경로를 계산할 가치가 있는지 확인한다.

```
List<Vertex> newPath = new List<Vertex>();
if (path.Count == 0)
    return newPath;
if (path.Count < 3)
    return path;
```

3. 리스트를 순회할 루프를 구현하고, 새로운 경로를 만든다.

```
newPath.Add(path[0]);
int i, j;
for (i = 0; i < path.Count - 1;)
{
    for (j = i + 1; j < path.Count; j++)
    {
        // 다음 단계는 여기에서
```

```
        }
        i = j - 1;
        newPath.Add(path[i]);
    }
    return newPath;
```

4. 레이캐스팅 함수에서 쓰일 변수들을 선언하고 계산한다.

```
Vector3 origin = path[i].transform.position;
Vector3 destination = path[j].transform.position;
Vector3 direction = destination - origin;
float distance = direction.magnitude;
bool isWall = false;
direction.Normalize();
```

5. 현재의 시작 노드로부터 다음 노드까지 레이를 발사한다.

```
Ray ray = new Ray(origin, direction);
RaycastHit[] hits;
hits = Physics.RaycastAll(ray, distance);
```

6. 벽이 있는지 확인하고, 벽이 있다면 루프를 종료한다.

```
foreach (RaycastHit hit in hits)
{
    string tag = hit.collider.gameObject.tag;
    if (tag.Equals("Wall"))
    {
        isWall = true;
        break;
    }
}
if (isWall)
    break;
```

예제 분석

새로운 경로를 만들고, 초기 노드를 시작점으로 해 현재 노드와 목표 노드 사이에서 벽과 충돌이 발생할 때까지 경로상 다음 노드에 레이 캐스팅을 적용했었다. 충돌이 발생하는 경우 마지막 클리어 노드를 신규 경로에 추가하고 클리어 노드를 현재 노드로 설정하고 다시 레이 캐스팅을 시작했다. 이 프로세스를 더 이상 확인할 노드가 존재하지 않고, 현재 노드가 목표 노드가 될 때까지 계속했다. 이러한 방식으로 조금 더 직관적인 경로를 만들 수 있다.

의사 결정

3장에서는 다음과 같은 예제들을 다룬다.

- 결정 트리를 통한 선택
- 유한 상태 기계의 구현
- FSM 향상시키기: 계층 유한 상태 기계
- 유한 상태 기계와 결정 트리 조합
- 행위 트리 구현
- 퍼지 논리 적용하기
- 목표지향적 행위를 통한 의사 결정
- 블랙보드 아키텍처 구현
- 유니티 애니메이션 상태 기계 실험

▮ 소개

단순한 컨트롤 구조를 가지고 게임의 상태에 따른 의사 결정 및 게임 흐름을 변화시키는 것은 어려운 일이 될 수 있다. 따라서 모듈형 의사 결정 시스템을 만들 정도의 우아하고 다양한 게임에 적용 가능할 정도로 유연한 여러 가지 의사 결정 기술들을 배울 것이다.

3장에서 다루는 기술들 대부분은 트리, 오토마타, 행렬과 관련이 있다. 또한 어떤 주제들은 재귀, 상속, 다형성들의 동작 원리에 대한 이해가 필요하므로 이러한 주제들이 익숙하지 않다면 살펴보는 것이 매우 중요하다.

▮ 결정 트리를 통한 선택

의사 결정 관련 문제를 해결하는 가장 단순한 방법 중 하나는 결정 트리를 만드는 것이다. 왜냐하면 빠르고 쉽게 구현할 수 있기 때문이다. 그 결과 오늘날 가장 많이 사용되는 기술 중 하나가 됐다. 특히 캐릭터 애니메이션과 같은 컨트롤 영역에서 널리 사용된다.

준비 사항

이번 예제는 재귀와 지속적으로 가상^{virtual} 함수를 구현하고 호출하기 위한 상속에 대한 이해가 필요하다.

예제 구현

이 예제는 우리가 다루게 될 몇 가지 파일들에 대한 이해가 필요하다. 우선 다른 클래스에서 상속할 부모 클래스인 DecisionTreeNode를 만들 것이다. 그 이후 몇몇 표준 결정 노드들을 어떻게 구현하는지 배울 것이다.

1. 우선 다음과 같이 부모 클래스인 DecisionTreeNode를 만든다.

```
using UnityEngine;
using System.Collections;

public class DecisionTreeNode : MonoBehaviour
{
    public virtual DecisionTreeNode MakeDecision()
    {
        return null;
    }
}
```

2. 다음 코드와 같이 부모 클래스 DecisionTreeNode를 상속 받는 의사추상^{pseudo-}
   ^{abstract} 클래스인 Decision을 만든다.

```
using UnityEngine;
using System.Collections;

public class Decision : DecisionTreeNode
{
    public Action nodeTrue;
    public Action nodeFalse;

    public virtual Action GetBranch()
    {
        return null;
    }
}
```

3. 다음 코드와 같이 의사추상 클래스인 Action을 정의한다.

```
using UnityEngine;
using System.Collections;
```

```
public class Action : DecisionTreeNode
{
    public bool activated = false;

    public override DecisionTreeNode MakeDecision()
    {
        return this;
    }
}
```

4. 다음 코드와 같이 가상함수 LateUpdate를 구현한다.

```
public virtual void LateUpdate()
{
    if (!activated)
        return;
    // 자신만의 행위를 구현한다.
}
```

5. 다음으로 마지막 클래스인 DecisionTree를 만든다.

```
using UnityEngine;
using System.Collections;

public class DecisionTree : DecisionTreeNode
{
    public DecisionTreeNode root;
    private Action actionNew;
    private Action actionOld;
}
```

6. 다음 코드와 함께 MakeDecsion 함수를 재정의한다.

```
public override DecisionTreeNode MakeDecision()
{
    return root.MakeDecision();
```

```
}
```

7. 다음과 같이 Update 함수를 구현한다.

```
void Update()
{
    actionNew.activated = false;
    actionOld = actionNew;
    actionNew = root.MakeDecision() as Action;
    if (actionNew == null)
        actionNew = actionOld;
    actionNew.activated = true;
}
```

예제 분석

결정 노드는 MakeDecision 함수를 재귀적으로 호출하면서 어떠한 경로를 취할 것인지 선택한다. 트리에서 가지branch는 결정을, 잎leave은 행동action을 의미해야 한다. 또한 트리 안에서 순환cycle이 되지 않도록 주의하자.

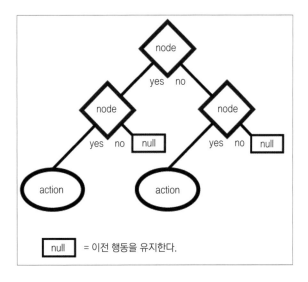

03장 의사 결정 | 137

부연 설명

방금 만든 의사 추상 클래스를 가지고 커스텀 의사 결정과 액션을 만들 수 있다. 예를 들면 플레이어를 공격할 것인지, 도망갈 것인지를 결정하는 것과 같은 의사 결정을 만들 수 있다.

다음은 커스텀 참/거짓 결정을 보여주는 간단한 코드다.

```
using UnityEngine;
using System.Collections;

public class DecisionBool : Decision
{

    public bool valueDecision;
    public bool valueTest;

    public override Action GetBranch()
    {
        if (valueTest == valueDecision)
            return nodeTrue;
        return nodeFalse;
    }
}
```

유한 상태 기계 구현

흥미로우면서도 구현이 간단한 기술로 유한 상태 기계(FSM)가 있다. 유한 상태 기계는 이전 예제에서 보여줬던 추론 절차를 다른 방식으로 진행한다. 일련의 사고가 이벤트 기반 방식으로 돼 있고, 특정 조건이 충족돼 다른 행위로 변경하기 전에는 한 행위를 지속하는 관점으로 생각하는 경우가 더 강력하다.

준비 사항

이 기술은 대부분 오토마타 행위 기반이며, 지금 구현하는 예제보다 향상된 버전인 다음 예제의 기초가 될 것이다.

예제 구현

이 예제는 총 3개의 클래스를 구현하는 것으로 나눌 수 있다. 걱정하지 마라. 모든 클래스는 마지막 단계에서 함께 동작하게 될 것이다.

1. Condition 클래스를 구현한다.

```
public class Condition
{
    public virtual bool Test()
    {
        return false;
    }
}
```

2. Transition 클래스를 정의한다.

```
public class Transition
{
    public Condition condition;
    public State target;
}
```

3. State 클래스를 정의한다.

```
using UnityEngine;
using System.Collections.Generic;
```

```
public class State : MonoBehaviour
{
    public List<Transition> transitions;
}
```

4. Awake 함수를 구현한다.

```
public virtual void Awake()
{
    transitions = new List<Transition>();
    // TO-DO
    // 여기에서 전이에 대한 설정을 한다.
}
```

5. 초기화 함수를 정의한다.

```
public virtual void OnEnable()
{
    // TO-DO
    // 초기화 코드는 여기에 작성한다.
}
```

6. 종료 함수를 정의한다.

```
public virtual void OnDisable()
{
    // TO-DO
    // 종료 코드는 여기에 작성한다.
}
```

7. 다음으로 상태에 따른 적절한 행위를 구현할 함수를 정의한다.

```
public virtual void Update()
{
```

```
    // TO-DO
    // 행위 관련 코드는 이곳에 작성한다.
}
```

8. 다음의 상태를 활성화할지 결정할 함수를 구현한다.

```
public void LateUpdate()
{
    foreach (Transition t in transitions)
    {
        if (t.condition.Test())
        {
            t.enabled = true;
            this.enabled = false;
            return;
        }
    }
}
```

예제 분석

각각의 상태는 주어진 트랜지션에 따라 활성화되거나 비활성화되는 MonoBehaviour 스크립트다. 행위를 수행하고 있는 도중에 중단되지 않게 하기 위해서 LateUpdate 함수의 특성을 활용해 다른 상태로 전이할 것인지에 대해 결정하는 용도로도 사용했다. 초기 상태 한 개를 제외한 모든 다른 상태는 비활성화돼야 한다는 점도 잊지 말자.

다음 그림은 유한 상태 기계를 도식화한 것이다.

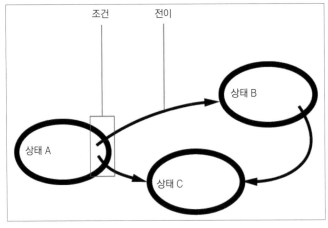

유한 상태 기계 표현

부연 설명

Condition을 상속받는 자식 클래스들을 어떻게 구현하는지 보기 위해, 몇몇의 예제를 살펴보자. 그 중 하나는 범위 안의 값들이 유효한지 확인하는 목적이고, 다른 하나는 두 조건의 로직을 비교하는 목적이다.

다음은 ConditionFloat 클래스 코드다.

```
using UnityEngine;
using System.Collections;

public class ConditionFloat : Condition
{
    public float valueMin;
    public float valueMax;
    public float valueTest;

    public override bool Test()
```

```
    {
        if (valueMax >= valueTest && valueTest >= valueMin)
            return true;
        return false;
    }
}
```

다음은 ConditionAnd 코드다.

```
using UnityEngine;
using System.Collections;

public class ConditionAnd : Condition
{
    public Condition conditionA;
    public Condition conditionB;

    public override bool Test()
    {
        if (conditionA.Test() || conditionB.Test())
            return true;
        return false;
    }
}
```

▌ FSM 향상시키기: 계층 유한 상태 기계

유한 상태 기계는 다른 레이어나 계층을 가짐으로써 향상될 수 있다. 원리는 동일하지만, 상태들은 각각의 내부에 자신만의 내부 상태 기계를 소유함으로써 유한 상태 기계를 좀 더 유한하고 확장 가능하게 만든다.

준비 사항

이번 예제는 이전 예제 기반으로 동작하기 때문에 유한 상태 기계 예제가 어떻게 동작하는지에 대한 이해가 중요하다.

예제 구현

고수준 상태 기계를 만들기 위해서 여러 상태를 가질 수 있는 상태를 만들 것이다.

1. 우선 State를 상속받는 StateHighLevel 클래스를 만든다.

```
using UnityEngine;
using System.Collections;
using System.Collections.Generic;

public class StateHighLevel : State
{
}
```

2. 다음으로 내부 상태들을 조절하기 위해 새로운 멤버 변수들을 추가한다.

```
public List<State> states;
public State stateInitial;
protected State stateCurrent;
```

3. 초기화 함수를 재정의한다.

```
public override void OnEnable()
{
    if (stateCurrent == null)
        stateCurrent = stateInitial;
    stateCurrent.enabled = true;
}
```

4. 종료 함수를 재정의한다.

```
public override void OnDisable()
{
    base.OnDisable();
    stateCurrent.enabled = false;
    foreach (State s in states)
    {
        s.enabled = false;
    }
}
```

예제 분석

고수준 상태 클래스가 활성화되면 내부의 유한 상태 기계를 활성화한다. 그리고 비
활성화됐을 때 재귀적으로 내부의 상태들을 비활성화한다. 상태들의 리스트와 부
모 클래스의 전이 프로세스를 처리하는 방식 덕분에 동작하는 원리가 동일하게 유
지된다.

참고 자료

상세 내용은 3장의 다음 예제를 참조하길 바란다.

- 유한 상태 기계 구현 예제

┃ 행위 트리 구현

행위 트리^{Behavior tree}는 유한 상태 기계와 기획 그리고 결정 트리와 같은 몇몇 인공지능
기술들의 조합으로 볼 수 있다. 사실 그것들은 모두 FSM과 어느 정도 유사성을 가지

고 있다. 다만 상태 관점 대신에 트리 구조 내의 확장된 행동 관점으로 바라보자.

준비 사항

이 예제는 코루틴에 대한 이해가 필요하다.

예제 구현

결정 트리와 마찬가지로, 절차를 진행하기 위한 3종류의 의사 추상 클래스를 만들 것이다.

1. 우선 기본 클래스 Task를 제작한다.

```
using UnityEngine;
using System.Collections;
using System.Collections.Generic;

public class Task : MonoBehaviour
{
    public List<Task> children;
    protected bool result = false;
    protected bool isFinished = false;
}
```

2. 다음으로 종료 함수를 구현할 것이다.

```
public virtual void SetResult(bool r)
{
    result = r;
    isFinished = true;
}
```

3. 행위를 만들기 위한 함수를 구현한다.

```
public virtual IEnumerator Run()
{
    SetResult(true);
    yield break;
}
```

4. 행위를 시작하는 일반 함수를 구현한다.

```
public virtual IEnumerator RunTask()
{
    yield return StartCoroutine(Run());
}
```

5. 다음으로 ConditionBT 클래스를 만든다.

```
using UnityEngine;
using System.Collections;

public class ConditionBT : Task
{
    public override IEnumerator Run()
    {
        isFinished = false;
        bool r = false;
        // 행위를 여기에 구현한다.
        // r 값이 참인지 거짓인지 정의한다.
        //---------
        SetResult(r);
        yield break;
    }
}
```

6. 행동 기본 클래스를 만든다.

```
using UnityEngine;
using System.Collections;

public class ActionBT : Task
{
    public override IEnumerator Run()
    {
        isFinished = false;
        // 행위를 여기에 구현한다.
        //---------
        return base.Run();
    }
}
```

7. Selector 클래스를 구현할 것이다.

```
using UnityEngine;
using System.Collections;

public class Selector : Task
{
    public override void SetResult(bool r)
    {
        if (r == true)

            isFinished = true;
    }

    public override IEnumerator RunTask()
    {
        foreach (Task t in children)
            yield return StartCoroutine(t.RunTask());
    }
}
```

8. Sequence 클래스를 구현한다.

```csharp
using UnityEngine;
using System.Collections;

public class Sequence : Task
{
    public override void SetResult(bool r)
    {
        if (r == true)
            isFinished = true;
    }

    public override IEnumerator RunTask()
    {
        foreach (Task t in children)
            yield return StartCoroutine(t.RunTask());
    }
}
```

예제 분석

행위 트리는 결정 트리와 유사한 방식으로 동작한다. 하지만 잎 노드를 테스크라 하고, 몇몇 가지 노드는 조건 대신에 두 가지 방식 중 한 가지로 된 테스크들의 집합을 실행한다. 이것이 Selector와 Sequence이다. Selector는 테스크들의 집합을 수행하고, 그 중 하나의 테스크가 참을 반환할 때 Selector 역시 참을 반환한다. 이를 OR 노드로 볼 수 있다. Sequence도 테스크들의 집합을 수행하며, 모든 테스크가 참을 반환할 때 Sequence는 참을 반환한다. 이를 AND 노드로 볼 수 있다.

좀더 이론적 통찰을 얻고 싶다면 이안 밀링톤의 저서『Artificial Intelligence for Game』을 참고하기 바란다.

퍼지 논리 적용하기

어떤 의사 결정 과정을 구현할 때 이진 기반 값 대신 애매 모호한 영역을 다뤄야 할 때가 있다. 퍼지fuzzy 논리는 이러한 작업에 필요한 수학적 기법들의 집합이다.

자율 주행을 개발한다고 상상해보자. 자율 주행 시에는 핸들을 조작하거나 속도를 조절하는 행동을 할 수 있는데, 두 행동 모두 특정 범위가 존재한다. 어떤 속도로 어떻게 차를 돌릴지를 결정하는 것이 자율 주행 운전자의 영리함을 판단하는 기준이 될 것이다. 이것이 퍼지 논리가 표현하고 다룰 수 있는 일종의 애매한 영역이다.

준비 사항

이 예제에는 상태들이 담긴 배열이 필요하다. 이 표현법은 게임마다 다르기 때문에 범용적인 퍼지 의사 결정자를 만들기 위해 퍼지화와 더불어 이러한 상태들의 원시값raw input을 다룬다.

마지막으로 의사 결정자는 소속도DOM - degree of membership를 나타내는 퍼지 집합 값을 반환한다.

예제 구현

이번 절에서는 두 가지 기본 클래스를 만들고, 퍼지 결정자를 만들 것이다.

1. 다음과 같이 우선 부모 클래스인 MembershipFunction을 만들 것이다.

```
using UnityEngine;
using System.Collections;

public class MembershipFunction : MonoBehaviour
{
    public int stateId;
    public virtual float GetDOM(object input)
    {
        return 0f;
    }
}
```

2. FuzzyRule 클래스를 구현할 것이다.

```
using System.Collections;
using System.Collections.Generic;

public class FuzzyRule
{
    public List<int> stateIds;
    public int conclusionStateId;
}
```

3. FuzzyDecisionMaker 클래스를 만들 것이다.

```
using UnityEngine;
using System.Collections;
using System.Collections.Generic;

public class FuzzyDecisionMaker : MonoBehaviour
{
}
```

4. 의사 결정자 함수 시그니처를 정의하고, 그것의 멤버 변수를 정의한다.

```
public Dictionary<int,float> MakeDecision(object[] inputs, MembershipFunction[]
```

```
[] mfList, FuzzyRule[] rules)
{
    Dictionary<int, float> inputDOM = new Dictionary<int, float>();
    Dictionary<int, float> outputDOM = new Dictionary<int, float>();
    MembershipFunction memberFunc;
}
```

5. 다음으로 입력 값들을 순회하고 각 상태마다 초기 멤버십의 정도(DOM)를 추출하는 루프를 구현한다.

```
foreach (object input in inputs)
{
    int r, c;
    for (r = 0; r < mfList.Length; r++)
     {
         for (c = 0; c < mfList[r].Length; c++)
         {
// 다음 단계
         }
     }
}
    // 이후 다음 단계
```

6. 멤버십의 정도를 설정(혹은 갱신)하기 위해 적합한 멤버십 함수를 사용해 가장 안쪽 루프를 정의한다.

```
memberFunc = mfList[r][c];
int mfId = memberFunc.stateId;

        float dom = memberFunc.GetDOM(input);
        if (!inputDOM.ContainsKey(mfId))
        {
            inputDOM.Add(mfId, dom);
            outputDOM.Add(mfId, 0f);
        }
```

```
        else
            inputDOM[mfId] = dom;
```

7. 출력의 멤버십 정도를 설정하기 위해 규칙들을 순회한다.

```
foreach (FuzzyRule rule in rules)
{
    int outputId = rule.conclusionStateId;
    float best = outputDOM[outputId];
    float min = 1f;
    foreach (int state in rule.stateIds)
    {
        float dom = inputDOM[state];
        if (dom < best)
            continue;
        if (dom < min)
            min = dom;
    }
    outputDOM[outputId] = min;
}
```

8. 멤버십의 소속도 집합을 반환한다.

```
return outputDOM;
```

예제 분석

객체 데이터 타입을 통한 모든 입력을 다루기 위해 박싱/언박싱^{boxing/unboxing} 기술을 사용했다. 퍼지화 절차는 처음 제작했던 기본 클래스를 상속 받은 자체 멤버십 함수의 도움으로 진행된다. 그리는 각각의 룰에서 입력 상태의 멤버십 정도를 취한 뒤 적용 가능한 어떠한 룰에서 주어진 최대 출력을 통해 각각의 상태에 대한 마지막 멤버십 정도를 계산한다.

부연 설명

예시로 적의 생명력(0에서 100사이이)이 30 이하로 내려갔을 때 분노모드로 돌입할 것인지 정의하는 멤버십 함수를 만들 것이다.

다음은 `MFEnraged` 클래스의 코드다.

```
using UnityEngine;
using System;
using System.Collections;

public class MFEnraged : MembershipFunction
{
    public override float GetDOM(object input)
    {
        if ((int)input <= 30)
            return 1f;
        return 0f;
    }
}
```

완벽한 규칙 집합을 가질 필요는 없다. 각각의 입력으로부터 각각의 조합 하나면 충분하다. 이 예제는 확장성이 결여돼 있지만 작은 수의 입력 변수와 작은 수의 변수별 상태에 잘 동작한다.

참고 자료

이론적 통찰을 더 얻고자 한다면 이안 밀링톤[Ian Milingtond]의 저서 『Artificial Intelligence for Game』의 (역)퍼지화와 확장성의 약점들을 참고하라.

▌ 목표지향적 행위를 통한 결정

목표지향적 행위는 에이전트에게 지능을 부여하는 것뿐만 아니라 자유 의지를 부여하는 것을 목표로 하는 기술들의 집합이다. 한번 목표가 정의되면 주어진 법칙들의 집합들은 그 목표를 향해 동작한다.

깃발 획득(주요 목표)과 동시에 자신의 생명력과 보호막에 대한 고려(주요 목표를 도달하기 위한 보조 목표)가 필요한 트루퍼 에이전트를 개발한다고 가정해보자. 이를 구현하는 한 가지 방법은 목표들을 다루는 범용 알고리즘을 사용하는 것이다. 그래서 에이전트는 자유 의지와 비슷한 무언가가 생기게 된다.

준비 사항

어떻게 목표 기반 행위 선택자를 만들 수 있는지 배워보자. 목표 기반 행위 선택이란 행위 지속 시간을 고려하며, 의도하지 않은 방해 행위들을 피하면서 주요 목표를 고려하는 행위를 선택한다. 이전 절의 예제와 마찬가지로 수치를 통한 목표에 대한 모델링이 필요하다.

예제 구현

행위 선택자와 함께 행위와 목표를 위한 기본 클래스를 제작한다.

1. 다음 코드와 같이 우선 액션 모델링을 위한 기본 클래스를 만들 것이다.

```
using UnityEngine;
using System.Collections;

public class ActionGOB : MonoBehaviour
{
    public virtual float GetGoalChange(GoalGOB goal)
```

```
    {
        return 0f;
    }

    public virtual float GetDuration()
    {
        return 0f;
    }
}
```

2. 멤버 변수들과 함께 GoalGOB이라는 부모 클래스를 만들 것이다.

```
using UnityEngine;
using System.Collections;

public class GoalGOB
{

    public string name;
    public float value;
    public float change;
}
```

3. 불만족을 처리하는 적당한 함수를 정의하고, 시간마다 변경할 것이다.

```
public virtual float GetDiscontentment(float newValue)
{
        return newValue * newValue;
}

public virtual float GetChange()
{
    return 0f;
}
```

4. ActionChooser 클래스를 정의한다.

```
using UnityEngine;
using System.Collections;

public class ActionChooser : MonoBehaviour
{
}
```

5. 의도하지 않은 행동을 처리하는 함수를 구현한다.

```
public float CalculateDiscontentment(ActionGOB action, GoalGOB[] goals)
{
    float discontentment = 0;
    foreach (GoalGOB goal in goals)
    {
        float newValue = goal.value + action.GetGoalChange(goal);
        newValue += action.GetDuration() * goal.GetChange();
        discontentment += goal.GetDiscontentment(newValue);
    }
    return discontentment;
}
```

6. 행동을 선택하는 함수를 구현한다.

```
public ActionGOB Choose(ActionGOB[] actions, GoalGOB[] goals)
{
    ActionGOB bestAction;
    bestAction = actions[0];
    float bestValue = CalculateDiscontentment(actions[0], goals);
    float value;
// 다음 단계는 여기에서
}
```

7. 다음으로 타협을 최소화해 최고의 행동을 선택한다.

```
foreach (ActionGOB action in actions)
```

```
{
    value = CalculateDiscontentment(action, goals);
     if (value < bestValue)
    {
        bestValue = value;
        bestAction = action;
    }
}
```

8. 최고의 행동을 반환한다.

```
return bestAction;
```

예제 분석

discontentment 함수들은 행위 측면과 수행하는 시간 측면에서 목표의 가치 변화를 가지고 의도하지 않은 행위들을 피하는 데 도움을 준다. 그 다음 가장 영향(불만)이 적은 관점에서 가장 유망한 행위를 계산함으로써 행위가 선택된다.

▌블랙보드 아키텍처 구현

이번 예제에서는 우리가 통상 조직에서 행하는 브레인 스토밍 및 의사 결정을 흉내 낼 것이다. 우선 이를 큰 칠판black board이 있는 회의실에 전문가들이 한 그룹으로 모여있는 것을 빗대어 블랙보드 아키텍처 또는 블랙보드 시스템이라고 한다. 전문가들은 문제(사실에 기반하거나, 알려지지 않거나 등등)를 가지고 등장하는데, 각각의 전문가들은 각각의 보드에 관련된 자료를 추가하거나 제거할 수 있으며 문제를 해결하는 데 의견을 낼 수 있다. 여기에서는 결정을 어떻게 할 것이며 누가 앞장 설 것이냐가 중요한 이슈다.

도시를 건설하고, 보호하며, 영토를 정복하는 RTS 게임이 있다고 가정해보자. 이러한 큰 작업들을 위해 앞서 이야기한 각각의 문제(건설, 유지, 보호, 공격)마다 따로 모듈을 구현하는 것이 더 쉬울 것이다. 이러한 관점으로 볼 때, 지식을 구획화해 의사 결정을 돕는 하위모듈(전문가)이 필요하다. 현재 게임의 상태에 따라 하나의 전문가가 키를 쥐고 현재 목표에 도달하도록 행동을 취하는 것이다.

다음 절에서는 이러한 문제를 해결하는 방법을 살펴볼 것이다.

준비 사항

주요 단계들을 구현하기 전에 필요한 데이터 구조를 정의해야 한다.

1. 다음 코드와 같이 우선 데이터 비트들을 유연하게 다룰 데이터 구조체를 생성해야 한다.

```
public struct BlackboardDatum
{
  public int id;
  public string type;
  public object value;
}
```

2. 다음으로 전문가를 정의하는 클래스를 생성한다.

```
public abstract class BlackboardExpert
{
  public virtual float GetInsistence(Blackboard board)
  {
    return 0f;
  }
  public virtual void Run(Blackboard board) {}
}
```

3. 전문가가 취할 수 있는 액션들을 저장하는 데이터 구조체를 생성한다.

```
public struct BlackboardAction
{
  public object expert;
  public string name;
  public System.Action action;
}
```

예제 구현

이제 블랙보드를 다루는 클래스를 생성하고 예전에 이야기한 비유 뒤에 숨겨진 메인 로직을 구현한다.

1. 우선 다음 코드처럼 Blackboard 클래스를 정의하자.

```
using System.Collections.Generic;

public class Blackboard
{
  public List<BlackboardDatum> entries;
  public List<BlackboardAction> pastActions;
  public List<BlackboardExpert> experts;
}
```

2. 생성자를 구현한다.

```
public Blackboard()
{
  entries = new List<BlackboardDatum>();
  pastActions = new List<BlackboardAction>();
  exports = new List<BlackboardExpert>();
}
```

3. 다음과 같이 각각의 반복을 위한 메인 클래스를 정의할 수 있다.

```
public void RunIteration()
{
  // 다음 단계
}
```

4. 다음과 같이 필요한 변수들을 추가할 것이다.

```
BlackboardExpert bestExpert = null;
float maxInsistence = 0f;
```

5. 다음과 같이 다음에 나설 전문가를 결정하는 루프를 구현할 것이다.

```
foreach (BlackboardExpert e in experts)
{
  float insistence = e.GetInsistence(this);
  if (insistence > maxInsistence)
  {
    maxInsistence = insistence;
    bestExpert = e;
  }
}
```

6. 다음과 같이 전문가가 결정을 내렸으면 실행한다.

```
if (bestExpert != null)
   bestExpert.Run(this);
```

예제 분석

우선 블랙보드 시스템을 만드는 데 필요한 모든 데이터 구조체에 아직 의견을 내지 않은 상태의 데이터를 넣었으며 이 데이터 구조체들은 재사용이 가능할 정도로 유연하게 설계했다. 그리고 나서 블랙보드를 넣고 다음 턴에는 어떤 전문가가 나설 것인지를 결정하는 메인 루프를 넣었다. 이는 1장에서 개발한 우선 순위 기반 행위 섞기 알고리즘과 꽤 유사하지만 다른 점은 이것은 문제를 해결하기 위해 적용됐다는 점이다. 각각의 전문가는 자신의 의견이 얼마나 중요한지 계산하고 가장 연관성 있는 전문가가 해당 턴을 잡고 문제를 해결한다. GetInsistence 함수 반환 값의 범위를 정의하는 것이 중요하다.

부연 설명

Expert 클래스의 멤버 함수들을 오버라이딩해 멤버 함수를 정의해야 한다. 여기서 중요한 점은 블랙보드의 엔트리를 읽고 쓰는 것은 각각의 전문가에 달려 있다는 점이다. 그런 후 멤버 함수 Run에서 액션을 실행한다. 전문가의 Run 멤버 함수들의 계산 비용이 비싼 경우, 해당 계산은 코루틴을 통해 처리하는 것이 좋다.

마지막으로 게임의 상태에 따라 블랙보드가 정의한 프로젝트를 재방문할 수 있다. 해당 프로젝트에서 각각의 전문가는 데이터를 읽고 쓸 수 있다. 이러한 상황에서 이 알고리즘의 주안점은 기대한대로 수행되는 점이라는 것을 명심하길 바란다.

▋ 유니티 애니메이션 상태 기계 실험

애니메이션 작업에 집중하고 있는 아티스트(그래픽 디자이너)와 작업을 하거나 이러한 작업을 직접할 때 일반적으로 유니티의 애니메이션 상태 기계 그래프에서 많은 것들을 볼 수 있다. 하지만 이러한 유니티 애니메이션 아래에서 벌어지고 있는 일을 직접 보는 것은 흔치 않다. 우리는 보통 MonoBehaviour 스크립트를 통해 상태를 변경하고 행동들을 분리한 방식으로 다룬다.

이번 예제에서는 1장에서 만들어본 기본 움직임 관련 행동들 중 몇 가지를 사용할 것이다. 그리고 상태를 컨트롤하는 애니메이터를 만들 것이다.

준비 사항

이 예제는 애니메이터 윈도우의 애니메이션들을 설정하는 부분에 대해서는 이야기하지 않을 것이다. 이를 설정하는 것은 독자의 몫이다. 여기에서는 에이전트를 컨트롤하는 내장 유한 상태 기계의 능력을 극대화하는 데 필요한 단계에 초점을 맞춘다.

예제 구현

우선 설정부터 시작한다.

1. 다음 그림과 같이 프로젝트 윈도우의 **Create** 버튼을 사용해 신규 애니메이터 컨트롤러를 생성한다.

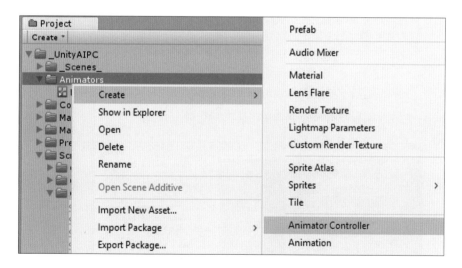

2. 신규 기본 상태를 생성하고 이름을 Wandering(배회)이라고 하자.
3. Pursuing(추적)이라는 신규 상태를 생성한다.

4. 다음 그림과 같이 이 두 상태를 서로 연결한다.

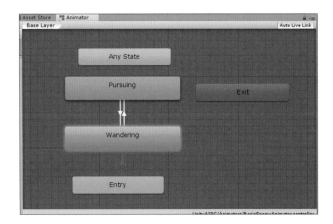

5. 두 가지 트리거 파라미터 Pursue와 Wander를 생성한다.

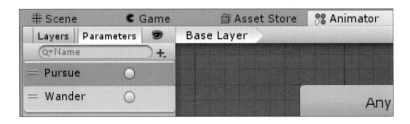

6. 다음 그림과 같이 Pursuing → Wandering 트랜지션 내부에 있는 조건 Conditions 집합에 Wander 파라미터를 할당한다.

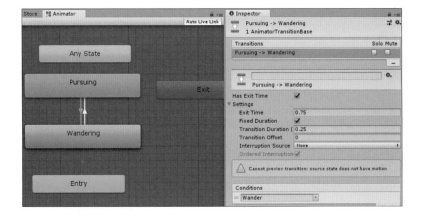

7. Wandering → Pursuing 트랜지션에는 방금 설정한 역에 해당하는 파라미터를 할당한다.

8. 다음 그림과 같이 Wander 상태에 AFSMWandering이라는 행동 스크립트를 생성해야 한다.

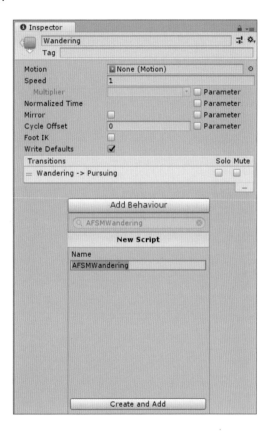

9. 이전과 비슷한 방법으로 Pursue 상태에는 AFSMPursue라는 행동 스크립트를 생성한다.

10. 다음으로 Wanderer라는 신규 GameObject를 생성하고 다음과 같은 컴포넌트를 부착한다.

  ○ Animator

  ○ Agent

- Wander(비활성화 상태)
- Seek(비활성화 상태)

게임 오브젝트의 모습은 다음 그림과 같을 것이다. 앞에서 진행한 작업 도중에 언급했
었던 컴포넌트들이 어떤 식으로 구성돼 있는지 확인해보자.

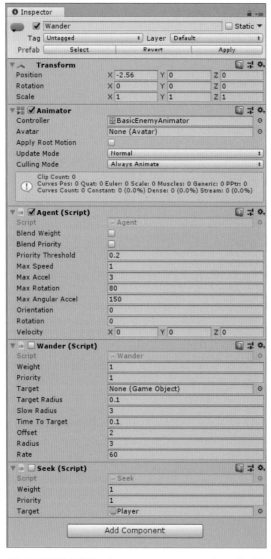

게임 오브젝트에 부착된 Animator, Agent, Wander, Seek 컴포넌트

이제 Wander 상태를 구현할 것이다.

1. 앞서 생성한 AFSMWanderer.cs 파일을 연다.

2. 다음과 같이 멤버 변수들을 추가한다.

```
public float pursueDistance = 3f;
private Wander _wander;
private Seek _persue;
```

3. OnStateEnter 멤버 함수의 주석을 해제한다.

4. 이 함수에 다음과 같은 코드를 추가할 것이다.

```
AgentBehavior[] behaviors;
GameObject gameObject = animator.gameObject;
behaviors = gameObject.GetComponents<AgentBehavior>();
foreach (AgentBehavior b in behaviors)
  b.enanbled = false;

_wander = gameObject.GetComponent<Wander>();
_pursue = gameObject.GetComponent<Seek>();
if (_wander == null || _pursue == null)
  return;
_wander.enabled = true;
animator.gameObject.name = "Wandering";
```

5. 멤버 함수 OnStateUpdate의 주석을 해제한다.

6. 함수에 다음과 같은 코드를 추가한다.

```
Vector3 targetPos, agentPos;
targetPos = _pursue.target.transform.position;
agentPos = animator.transform.position;
float distance = Vector3.Distance(targetPos, agentPos);
if (distance > pursueDistance)
  return;
animator.SetTrigger("Pursue");
```

Pursue 상태를 유사한 방식으로 코드를 구현할 것이다.

1. 이전에 생성했었던 AFSMPursue.cs 파일을 연다.

2. 다음과 같이 멤버 변수들을 추가한다.

```
public float stopDistance = 8f;
private Wander _wander;
private Seek _pursue;
```

3. OnStateEnter 멤버 함수의 주석을 해제한다.

4. 코드를 추가한다.

```
AgentBehavior[] behaviors;
GameObject gameObject = animator.gameObject;
behaviors = gameObject.GetComponents<AgentBehavior>();
foreach (AgentBehavior b in behaviors)
  b.enabled = false;

_wander = gameObject.GetComponent<Wander>();
_pursue = gameObject.GetComponent<Seek>();
if (_wander == null || _pursue == null)
  return;
_wander.enabled = true;
animator.gameObject.name = "Seeking";
```

5. 멤버 함수 OnStateUpdate의 주석을 해제한다.

6. 함수에 다음과 같은 코드를 추가한다.

```
Vector3 targetPos, agentPos;
targetPos = _pursue.target.transform.position;
agentPos = animator.transform.position;
if (Vector3.Distance(targetPos, agentPos) > stopDistance)
  return;
animator.SetTrigger("Wander");
```

예제 분석

애니메이터 엔진인 유한 상태 기계 시스템을 완성했다. 에이전트가 갖게 될 상태와 트렌지션을 만든 후에 StateMachineBehaviour 클래스를 상속해 행동을 만들었다. 그것을 상응하는 상태에 부착했다. 또한 각각의 상태에서 의사 결정을 하기 위해 게임 오브젝트와 스크립트 컴포넌트에서 필요한 정보를 가져왔다. 필요한 경우 적당한 트리거를 호출하고 상태를 변경해 에이전트의 행동을 변화시켰다.

부연 설명

유니티의 애니메이션 상태 기계를 통해 작업함으로써 작업에 다양한 유연성을 얻을 수 있다. 이러한 방식으로 최소한의 코드 및 설정으로도 여러 에이전트들의 의사 결정 및 행동들을 재사용할 수 있다. 하지만 이 유연성 및 모듈화의 장점을 얻은 반면, 스크립트의 중앙화라는 단점도 함께 따라온다. 팀 단위로 작업할 때는 이러한 점을 염두에 둬야 한다. 그리고 디버깅을 할 때도 잘 기억해야 한다(이 책을 쓰는 동안에도 참사는 일어나고 있다.).

04

신규
NavMash API

4장에서는 다음과 같은 예제를 통해 신규 NavMesh API를 활용하는 법을 배울 것이다.

- NavMesh 제작 컴포넌트 설정하기
- 다양한 종류의 에이전트를 위한 NavMesh 생성 및 관리
- 실시간 NavMesh 데이터 생성 및 갱신
- NavMesh 인스턴스의 생명주기 컨트롤
- 다수의 NavMesh 인스턴스 연결하기
- NavMesh API를 사용해 몇 가지 행동 구현하기

▋ 소개

AI 및 게임 개발자에게 있어서 NavMesh API 및 확장 API의 등장은 새로운 세상으로 향하는 발판이 됐다. 이를 통해 외부 도구의 도움 없이(적어도 선택의 범위 측면에서는 넓어진 것이다.) 게임의 레벨 조절이 좀 더 쉬워졌고 심지어는 실시간으로 조절할 수 있게 됐다.

4장에서는 널리 알려진 강력한 내비게이션 엔진 위에 동작하는 이 신규 툴셋을 다루는 방법을 배울 것이다.

▋ NavMesh 구성 요소 설정

예제를 살펴보고 레벨을 조작하기에 앞서 유니티의 깃허브^{GitHub} 저장소에서 몇 가지 에셋을 다운로드해야 한다.

준비 사항

유니티에 한동안 장착됐던 내비게이션 엔진에 대한 경험이 있는 독자도 있을 것이다. 내비게이션 윈도우를 통해 NavMesh를 생성하는 기본 개념을 잡고 NavMeshAgent 컴포넌트의 기본을 이해하는 것이 중요하다.

예제 구현

깃허브 저장소에서 에셋을 다운로드하려면 다음과 같이 한다.

1. 브라우저를 사용해 다음 웹 사이트로 이동한다.

   https://github.com/Unity-Technologies/NavMeshComponents

2. 다음과 같이 코드 탭 아래의 릴리즈 섹션으로 이동한다.

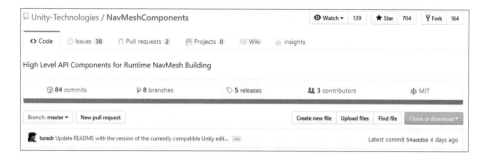

3. 컴퓨터에 유니티 버전에 맞는 압축된 파일을 다운로드한다. 글을 쓰는 시점에서 최신 버전은 2018.1.0f2다.

4. 메인 프로젝트 바깥쪽에 압축을 해제한 후 유니티 프로젝트임을 확인할 수 있다.

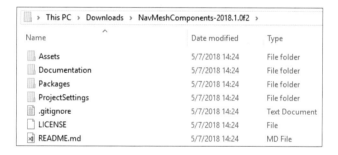

5. Assets 폴더로 이동하면 다음과 같은 화면을 볼 수 있다.

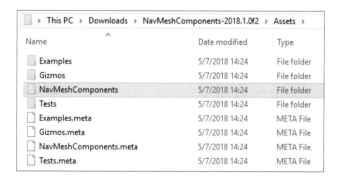

6. NavMeshComponents 폴더를 내용물과 같이 여러분의 프로젝트 Asset 폴더로 복사하거나 옮긴다.

7. 유니티의 에셋을 리로드한다.

예제 분석

이 스크립트 세트를 추가함에 따라 한 단계 발전해 내비게이션 메쉬에서 원하는대로 실시간으로 자동 생성을 할 수 있게 됐다. 프로젝트에 방금 추가한 zip으로 압축된 폴더에 포함된 스크립트를 살펴보면서 더 복잡한 컴포넌트를 생성하는 데 저수준 API를 사용할 수도 있다.

부가 설명

지금까지 진행한 단계가 성공적으로 수행됐는지 확인하기 위해서 다음 단계를 따른다.

1. 에셋 리로딩을 한 이후에 에러가 존재하는지 확인

2. 테스트 용도로 사용할 신규 게임 오브젝트를 생성하거나 임의로 선택

3. 인스펙터 창에서 컴포넌트 추가를 클릭

4. 검색 창에 NavMesh라고 작성

5. 다음 컴포넌트가 모두 나열됐는지 확인한다.

   ○ Nav Mesh Agent(유니티 내장)

   ○ Nav Mesh Obstacle(유니티 내장)

   ○ NavMeshLink

   ○ NavMeshModifier

   ○ NavMeshModifierVolume

   ○ NavMeshSurface

참고 자료

전체 내비게이션 시스템과 NavMesh 제작 컴포넌트에 대한 참고 자료 및 더 자세한 정보는 다음 링크를 통해 공식 문서를 참고하기 바란다.

- https://docs.unity3d.com/Manual/Navigation.html
- https://docs.unity3d.com/Manual/NavMesh-BuildingComponents.html

다양한 에이전트를 위한 NavMesh 생성 및 관리

레벨에는 에이전트의 행동을 변화시킬 수 있는 다양한 영역이 있을 수 있다. 예를 들면 용암, 늪, 문 같은 것들이다. 에이전트가 이러한 영역을 지나갈 수 없게 하거나 에이전트의 속도가 변한다거나 혹은 위험한 지역을 벗어나는 더 나은 경로를 생각할 수 있도록 어떤 표시를 해줘야 한다.

이번 예제에서는 레벨에서 이러한 영역을 어떻게 구현할지 배울 것이다. 이를 통해 좀 더 복잡한 내비게이션 메쉬를 구현해 에이전트로 하여금 더 나은 행동을 보이게 할 수 있다.

준비 사항

레벨에서 늪, 얕은 물, 용암은 쉽게 처리할 수 있다. 하나의 내비게이션 영역으로 태그해두면 된다. 하지만 문은 조금 달라서 문 아크 밑에 오브젝트를 둬야 한다. 문/아크 메쉬가 이미 기본 메쉬로 존재하는 경우에는 괜찮다. 다음 그림에서 예를 볼 수 있다.

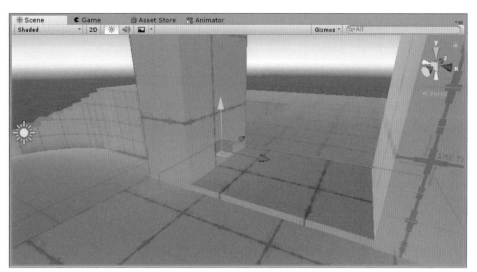

플레이어가 볼 수 있는 문 아래 있는 문 오브젝트

예제 구현

이제 베이킹 과정을 진행하기에 앞서 NavMesh 설정 방법을 배울 것이다.

1. 게임 월드를 생성하고 여러 가지 영역을 생성한다. 일반 영역(걷기 가능), 문, 늪을 만들 것이다.

2. 내비게이션 창을 연다(메뉴 | 윈도우 | 내비게이션).

3. 영역^{Areas} 탭으로 간다.

4. Swamp^늪 영역을 생성하고 cost를 6으로 설정한다.

5. Door^문 영역을 생성하고 cost를 2로 설정한다.

6. 늪의 특성을 갖는 오브젝트를 선택한다.

7. 내비게이션 창으로 이동해 오브젝트^{Objects} 탭을 선택한다.

8. 내비게이션 영역 값을 늪으로 변경한다.

9. 문의 특성을 갖는 오브젝트를 선택한다.

10. 내비게이션 창으로 이동해 오브젝트 탭을 선택한다.

11. 내비게이션 영역 값을 문으로 변경한다.

12. NavMesh를 베이킹한다.

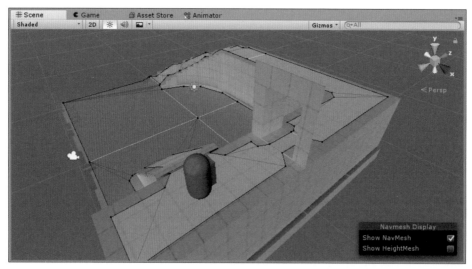

NavMesh 베이킹 결과

그 다음 지정한 영역에서 의도한 행동 양식이 보이게끔 에이전트를 설정해야 한다.

1. 씬에 에이전트 오브젝트를 추가한다.

2. NavMeshAgent 컴포넌트를 오브젝트에 추가한다.

3. 인스펙터 창으로 이동한다.

4. 에이전트가 돌아다닐 수 있는 영역들을 선택한다. 문을 에어리어 마스크^{Area Mask}에서 제외한다.

문을 통과할 수 없는 적을 만들 때의 NavMeshAgent 설정

예제 분석

앞 절에서 본 바와 같이 세팅 덕분에 내비게이션 메쉬를 다양한 영역으로 구분할 수 있다. 목표 위치까지의 경로를 찾는 탐색 알고리즘을 구현할 때 에이전트는 우리가 미리 정의해 놓은 가중치 값을 고려하면 된다. 문서에 언급한대로 유니티는 A*를 구현했다. 따라서 에이전트는 가장 값싼 경로를 취할 것이다. 또한 에이전트는 우리가 선택한 영역만 고려할 것이다. 플레이어가 문 뒤에 숨어서 피난처를 찾을 수 있도록 문을 NavMeshAgent 선택에서 제외시켰다.

부연 설명

에이전트가 다른 행동 양식(예를 들면 속도가 변한다거나)을 보일 수 있도록 현재 영역을 활용할 수도 있다. 이를 위해 NavMeshAgent 컴포넌트의 `SamplePathPosition`을 배워야 한다.

▌ 실시간 NavMesh 데이터 생성 및 갱신

절차적 콘텐츠 생성의 등장과 함께 좀 더 구체적인 레벨에서 이에 맞는 내비게이션 영역을 조절하는 기술이 필요하게 됐다. 이 기술은 비스크립트 방식의 실시간 파괴가 가능한 동적인 레벨을 작업할 때도 매우 중요하다.

준비 사항

이전 예제, 프로젝트 설정에서 소개했듯이 프로젝트에 `NavMeshCompoents` 디렉터리가 존재해야 한다. 또한 신규 내비게이션에서 사용하고자 하는 부모 오브젝트에 MavMeshSurface 컴포넌트를 부착해야 한다.

예제 구현

NavMeshBuilder라는 컴포넌트를 생성할 것이다.

1. `NavMeshBuilder.cs` 파일을 생성한다.

   ```
   Using UnityEngine;
   Using UnityEngine.AI;
   Using System.Collections;
   Using System.Collections.Generic;
   ```

```
Public class NavMeshBuilder : MonoBehaviour
{
  // 다음 단계
}
```

2. 내비게이션 표면^{NavigationSurface}을 담는 멤버 변수를 추가한다.

```
public NavMeshSurface[] surfaces;
```

3. 모든 NavMesh를 한 번에 생성하는 메서드를 구현한다.

```
public void Build()
{
  for(int i=0;i<surface.Length;i++)
  {
    surfaces[i].BuildNavMesh();
  }
}
```

4. 프레임 사이에 모든 NavMesh를 생성하는 메서드를 구현한다.

```
public IEnumerator BuildInFrames(System.Action eventHandler)
{
  for(int i=0;i<surfaces.Length;i++)
  {
    surfaces[i].BuildNavMesh();
    Yield return null;
  }
  If(eventHandler!=null)
    eventHandler.Invoke();
}
```

예제 분석

NavMeshComponents 디렉터리를 임포트함으로써 NavMeshSurface 컴포넌트를 통해 메쉬와 메쉬 표면을 조작할 수 있게 됐다. 업벡터를 사용해 움직임 영역을 감지할 수 있다.

두 번째 멤버 함수에서 코루틴 시스템의 장점을 활용해 표면이 과도하게 복잡해서 빠르게 처리하기 힘들 때의 게임의 프리징을 막을 수 있다. 모든 표면 위에 내비게이션 메쉬 생성이 모두 완료되면 넬리게이트 시스템을 활용해 이벤트를 발생시켰다.

▌ NavMesh 인스턴스 생애 관리

때때로 위상topology을 모르기 때문에 실시간 내비게이션navigation on the go을 만들어야 한다. 이는 절차적 레벨 생성을 다룰 때에는 더욱 더 중요하다. 실시간 내비게이션을 만드는 한 가지 방법은 이전에 배웠던 방식으로 NavMesh를 실시간으로 굽는bake 것이다. 하지만 이는 레벨의 위상이 엄청 거대하거나 복잡한 경우에는 문제가 될 수도 있다. 운 좋게도 유니티가 개발한 NavMesh 컴포넌트를 가지고 다른 접근 방법을 통해 이러한 문제를 해결할 수 있다.

이번 예제에서는 NavMesh 볼륨 없이 NavMesh 컴포넌트를 활용해 에이전트 근처에 NavMesh를 생성하는 방법을 배울 것이다.

준비 사항

이전 예제, 프로젝트 설정에서 소개했듯이 프로젝트에 NavMeshCompoents 디렉터리가 존재해야 한다.

예제 구현

1. 게임 레벨에 에이전트가 내비게이션 활동을 하게 될 바닥^floor이나 터레인^terrain 에 적당한 콜라이더^collider를 생성한다.

2. 에이전트 오브젝트를 생성하고 다음과 같은 컴포넌트를 부착한다.
   Capsule Collider 혹은 Box Collider, Rigidbody, NavMesh Agent

3. NMRealTimeBuilder 클래스를 생성한다.

```
using UnityEngine;
using UnityEngine.AI;
using System.Collections;
using System.Collections.Generic;
using NavMeshBuilder = UnityEngine.AI.NavMeshBuilder;

public class NMRealTimeBuilder : MonoBehaviour
{
  // 다음 단계
}
```

4. 필요한 멤버 변수를 선언한다.

```
public Transform agent;
public Vector3 boxSize = new Vector3(50f, 20f, 50f);
[Range(0.01f, 1f)]
public float sizeChange = 0.1f;
private NavMeshData navMesh;
private AsyncOperation operation;
private NavMeshDataInstance navMeshInstance;
private List<NavMeshBuildSource> sources = new List<NavMeshBuildSource>();
```

5. 두 큐브의 차이를 비교하는 정적^static 멤버 변수를 구현한다.

```
static private Vector3 Quantize(Vector3 a, Vector3 q)
{
  float x = q.x * Mathf.Floor(a.x/q.x);
```

```
float y = q.y * Mathf.Floor(a.y/q.y);
float z = q.z * Mathf.Floor(a.z/q.z);
return new Vector3(x, y, z);
}
```

6. 방금 만든 함수를 활용해 멤버 변수를 구현한다.

```
private Bounds QuantizeBounds()
{
  Vector3 position = agent.transform.position;
  return new Bounds(Quantize(position, boxSize * sizeChange), boxSize);
}
```

7. 에이전트 주변의 NavMesh를 갱신하는 멤버 함수를 정의한다.

```
private void UpdateNavMesh(bool isAsync = false)
{
  // 다음 단계
}
```

8. 방금 선언한 멤버 함수를 구현한다.

```
NavMeshSourceTag.Collect(ref sources);
NavMeshBuildSettings settings;
settings = NavMesh.GetSettingsByID(0);
Bounds bounds = QuantizeBounds();
if (isAsync)
  operation = NavMeshBuilder.UpdateNavMeshDataAsync(navMesh, settings, sources,
bounds);
else
  NavMeshBuilder.UpdateNavMeshData(navMesh, settings, sources, bounds);
```

9. Awake 멤버 함수를 구현한다.

```
private void Awake()
```

```
{
  if (agent == null)
    agent = transform;
}
```

10. OnEnable 멤버 함수를 구현한다.

```
private void OnEnable()
{
  navMesh = new NavMeshData();
  navMeshInstance = NavMesh.AddNavMeshData(navMesh);
  UpdateNavMesh(false);
}
```

11. OnDisable 멤버 함수를 구현한다.

```
private void OnDisable()
{
  navMeshInstance.Remove();
}
```

예제 분석

오브젝트 주변에 커스텀 NavMesh를 생성하는 데 도움을 주는 더 작은 컴포넌트 하나를 생성해 NavMesh 컴포넌트의 파워를 배가시켰다.

에이전트 주변의 박스 사이즈와 이전 프레임과 현재 프레임의 주변 박스 크기의 차이를 지정했다. 차이점이 우리가 sizeChange에 선언한 비율보다 더 크면 NavMeshBuilder는 새로운 위치를 취해 이전 내비게이션 메쉬는 버리고 신규 내비게이션 메쉬를 생성한다.

이러한 방식으로 모르는 위상에서도 동일한 종류의 에이전트를 내비게이션할 수 있다. 더 나아가 크기 변수^{Vector3}를 사용해 범위를 생성하기 때문에 더 합리적인 시간을 소모한다.

부연 설명

`NMRealTimeBuilder` 컴포넌트는 직접 에이전트 게임 오브젝트에 붙이거나 다른 것에 붙일 수 있다. 이것이 Awake 함수를 구현한 이유다.

마지막으로 이 예제와 1장, '행동 – 영리한 움직임'에서 개발한 몇 가지 행동을 섞어 사용할 수도 있다. 목표의 방향 벡터를 구한 이후 에이전트에게 NavMesh에서 해당 방향 벡터에 부합하면서 가장 먼 지점으로 가게끔 명령할 수 있다.

▌ 다중 NavMesh 인스턴스 연결하기

NavMesh를 생성하는 방법을 배웠다. 하지만 어떤 레벨은 다중 섹션으로 나누기 매우 복잡한 경우가 존재한다. 거기에는 함정이 존재하거나 레벨을 프로그래밍으로 불러오기 때문이다.

준비 사항

적어도 하나의 NavMeshSurface 컴포넌트가 부착된 최상위 객체로 작업해야 한다.

예제 구현

하나의 NavMeshSurface 컴포넌트와 다른 하나의 컴포넌트를 연결해야 한다.

1. 에디터나 코드를 통해 두 개의 NavMeshSurface 컴포넌트를 연결시킨다.

2. 기준으로 삼을 작업할 오브젝트에 NavMesh 링크 컴포넌트를 추가한다.

3. 접속을 사용하게 될 에이전트 타입을 선택한다.

4. 시작 지점^{Start Point}과 종료 지점^{End Point}을 설정한다.

5. 노드에 접속이 필요한 모든 에이전트 타입마다 이전 단계를 반복한다.

예제 분석

NavMeshSurface 컴포넌트를 그래프의 하나의 큰 노드로 생각해보자. NavMeshLink 컴포넌트를 활용해 두 노드 사이에 엣지(edge)를 추가할 수 있다. 시작 지점과 끝 지점 내 좌표는 오브젝트에 상대적이라는 점에 주목할 필요가 있다. 그러므로 부모 오브젝트에 맞춰 좌표를 옮기거나 회전시킬 필요가 있다.

부연 설명

트렌지션 사이에 애니메이션과 같은 특별한 행동이 필요할 수도 있다. 선반과 바닥 사이의 특정 방향성 링크를 상상해보자. 이제는 에이전트가 언제 해당 링크를 히트하는지 알 수 있으므로 애니메이션을 재생할 수 있다.

이러한 효과를 내는 한 가지 방법은 NavMeshAgent 컴포넌트의 Auto Traverse Off-Mesh Links 옵션을 비활성화하면서 계획된 로직과 함께 애니메이션을 재생하고, 물리 공식을 수행하는 것이다.

▌장애물 관련 동적 NavMesh 생성

레벨에 동적 장애물이 존재하고 에이전트는 이러한 장애물들을 회피해야 할 때가 있다.

MOBA나 MMORPG를 상상해보자. 거기에서는 영웅의 미니언 역시 목표에 도달하기 위해 장애물을 회피해야 한다. 내비게이션과 장애물 회피를 섞는 어려운 알고리즘을 구현할 수 있다. 아니면 복잡한 코드 없이 적은 노력으로 동적 NavMesh의 파워를 활용해 동일한 결과를 낼 수 있다.

이번 예제에서는 에이전트가 장애물을 피하고 목표 지점에 성공적으로 도달할 수 있게 하기 위해 NavMesh를 움직이는 장애물에 반응하게끔 만드는 법을 배울 것이다.

준비 사항

NavMesh의 기본 작동법 및 NavMesh를 생성하고 굽는 법을 알아야 한다.

예제 구현

1. 레벨을 만든다.
2. 빈 게임 오브젝트를 생성하고 NavMesh라고 이름을 붙인다.
3. NavMeshSurface 컴포넌트를 NavMesh 오브젝트에 추가한다.
4. 굽는다.
5. 장애물을 선택한다.
6. 장애물에 Nav Mesh Obstacle 컴포넌트를 추가한다.
7. 컴포넌트에 Carve 옵션을 체크한다.
8. 동적 장애물을 선택한다.
9. Carve Only Stationary 옵션에 체크를 해제한다.
10. 각각의 장애물마다 컴포넌트 내에 다른 옵션을 설정한다.

예제 분석

초기 내비게이션 메쉬를 구운 이후 전체 시스템은 씬의 모든 장애물을 고려하고 내비게이션 영역을 정교하게 조정하기 위해 장애물 근처 영역을 조각^{carve}한다. 게다가 내비게이션 시스템은 필요할 때 내비게이션 영역을 재계산하기 위해서 동적 장애물^{Carve Only Stationary}(옵션 체크가 해제된 것)의 움직임을 추적한다.

부연 설명

앞서 설명한 과정은 확실히 퍼포먼스에 친화적이지는 않다. 절차적 레벨 생성을 사용할 때와 같이 위상에 대한 확신이 없는 경우 최고의 선택이다. 비록 예제를 확정된 레벨에서 실행했지만 프리팹과 프로그래밍을 활용하고 이전 단계들을 다시 진행함으로써 절차적으로 생성된 레벨에 적용할 수 있다.

반면 레이아웃이 확정된 레벨에서 성능을 더 향상시키고 싶다면 Nav Mesh Obstacle 컴포넌트의 Carve 옵션 체크를 해제하고 원하는 결과를 얻을 때까지 장애물 회피 파라미터^{NavMeshAgent}(컴포넌트에 존재)를 조절하면 된다.

마지막으로 피해야 하는 키가 되는 장애물에 적당한 파라미터를 활용하고 다른 장애물에는 실시간 내비게이션을 적용하는 방식과 같이 퍼포먼스와 경험 사이의 균형을 맞추는 복잡적인 방법을 활용할 수 있다.

참고 자료

동적 내비게이션 메쉬에 대한 더 자세한 정보는 공식 유니티 비디오 https://unity3d.com/learn/tutorials/topics/navigation/making-it-dynamic을 참고하길 바란다.

❚ NavMesh API를 활용한 행동 구현

1장의, '행동 – 영리한 움직임'에서는 에이전트의 다양한 종류의 움직임에 대해서 배웠다. 이러한 움직임 중 몇 가지는 NavMesh API와 NavMeshAgent 컴포넌트를 활용해 다른 방식으로 구현할 수 있다. 빠르고 간결하고 좀 더 유니티스러운 방법으로 이러한 행동을 프로토타이핑할 수 있을 것이다.

순찰patrolling 행동을 구현하는 방법을 배울 것이다. 이를 통해 기본적인 흐름을 넘어서는 다양한 행동을 빠르게 프로토타이핑하는 데 다른 시각과 아이디어를 얻을 수 있을 것이다.

준비 사항

이 예제를 접하기 전에 NavMesh의 기본 개념 및 굽는 방법 그리고 NavMeshAgent 컴포넌트를 다루는 방법을 알아야 한다.

예제 구현

NavMeshAgent 컴포넌트를 활용해 순찰 행동 컴포넌트를 생성할 것이다.

1. NMPatrol.cs라는 스크립트를 생성하고 NavMeshAgent를 필요 컴포넌트로 추가한다.

```
using UnityEngine;
using UnityEngine.AI;

[RequireComponent(typeof(NavMeshAgent))]
public class NMPatrol : MonoBehaviour
{
    // 다음 단계
}
```

2. 필요한 멤버 변수를 추가한다.

```
public float pointDistance = 0.5f;
public Transform[] patrolPoints;
private int currentPoint = 0;
private NavMeshAgent agent;
```

3. 배열에서 가장 가까운 순찰 지점을 찾는 함수를 생성한다.

```
private int FindClosestPoint()
{
  // 다음 단계
}
```

4. 필요한 내부 변수를 추가한다.

```
int index = -1;
float distance = Mathf.Infinity;
int i;
Vector3 agentPosition = transform.position;
Vector3 pointPosition;
```

5. 가장 가까운 지점을 찾는 루프를 구현한다.

```
for (i = 0; i < patrolPoints.Length; i++)
{
  pointPosition = patrolPoints[i].position;
  float d = Vector3.Distance(agentPosition, pointPosition);
  if (d < distance)
  {
    index = i;
    distance = d;
  }
}
return index;
```

6. 에이전트의 목표 지점을 갱신하는 함수를 구현한다.

```
private void GoToPoint(int next)
{
  if (next < 0 || next >= patrolPoints.Length)
    return;
  agent.destination = patrolPoints[next].position;
}
```

7. 조기화를 위해 Start 함수를 구현한다.

```
private void Start()
{
  agent = GetComponent<NavMeshAgent>();
  agent.autoBraking = false;
  currentPoint = FindClosestPoint();
  GoToPoint(currentPoint);
}
```

8. Update 함수를 구현한다.

```
private void Update()
{
  if (!agent.pathPending && agent.remainingDistance < pointDistance)
    GoToPoint((currentPoint + 1) % patrolPoints.Length);
}
```

예제 분석

의도하는 대로 동작하는 내비게이션 에이전트 컨트롤러를 필요로 하는 순찰 컴포넌트를 만들었다.

우선 에이전트에서 가장 가까운 지점을 계산했고 이 지점으로 에이전트를 움직였다.

그 이후 pointDistance 값을 활용해 에이전트로 하여금 루프의 다음 지점으로 가야 한다는 사실을 일깨워 줬다.

마지막으로 나머지^{modulo} 연산을 사용해 과도한 검증 없이 다음 순찰 지점을 얻고 현재 지점 값을 증가시켰다.

부가 설명

의도한대로 동작되게 하려면 배열에서 순찰 지점을 넣을 때의 순서를 고려해야 한다. 또한 게임의 요구사항에 따라서 순찰 행동을 개선하기로 했다면 다음 순찰 지점이 어디가 될지 결정하는 함수를 만드는 데 시간을 들일 수 있다.

```
private int CalculateNextPoint()
{
  return (currentPoint + 1) % patrolPoints.Length;
}

private void Update()
{
  if (!agent.pathPending && agent.remainingDistance < pointDistance)
    GoToPoint(CalculateNextPoint());
}
```

05

협동과 전략

5장에서는 협동 및 전략 개발 관련 기술들을 배울 것이다.

- 대형formation 다루기
- 협동을 위한 A* 확장: A*mbush
- 수동 선택자를 통한 웨이포인트 만들기 소개
- 높이에 의한 웨이포인트 분석
- 커버와 가시성에 의한 웨이포인트 분석
- 자동으로 웨이포인트 생성하기
- 의사 결정을 위한 웨이포인트 전형적 예시
- 영향력 분포도Influence map 구현
- 플루딩 맵으로 영향력 분포도 개선하기

- 컨볼루션 필터로 영향력 분포도 개선하기
- 파이팅 서클 생성하기

소개

앞으로 보게 되겠지만, 5장은 한 가지 주제만을 다루지 않는다. 각각의 장은 고유의 예제들이 존재하고 신규 혹은 개선된 버전의 기술을 소개하기 위해 이전 예제들이 등장한다.

5장에서는 대형 구축하기와 같거나 영향력 분포도와 그래프들(웨이포인트 같은)에 근거한 전략적 결정을 하는 기술들과 같은 각각의 다른 에이전트들이 하나의 유기체처럼 협동하기 위한 다른 여러 예제들을 배울 것이다. 이러한 기술들은 이전 장의 예제에서 다뤘던, 특히 2장, '내비게이션'의 그래프 구축하기와 경로 탐색 알고리즘과 같은 각기 다른 요소들을 사용한다.

대형 다루기

이것은 군대 에이전트들의 그룹을 구성하는 키 알고리즘이다. 자신만의 대형을 만들게끔 충분히 유연하게 디자인돼 있다.

이 예제의 마지막 결과는 대형에서의 각 에이전트들의 목표 위치와 회전 값 집합이 될 것이다. 이전 목표에서 다음 목표로 에이전트들을 옮기는 알고리즘을 구성하는 것은 독자의 몫이다.

 이러한 위치를 대상화하기 위해 1장의 '행동 – 지능적인 움직임'에서 배운 알고리즘들을 사용할 수 있다.

준비 사항

고수준 클래스들과 알고리즘들에 사용될 세 가지 종류의 데이터 타입 기본 클래스가 필요하다. Location 클래스는 Steering 클래스와 매우 흡사하다. 대형의 앵커 포인트와 회전 값이 주어지면 목표의 위치와 회전 값을 정의하는 데 사용된다. SlogAssignment 클래스는 리스트의 인덱스와 에이전트를 연결시켜주는 데이터 타입이다. 마지막으로 Character 클래스 컴포넌트는 대상 Location 클래스를 가지고 있다.

다음은 Location 클래스의 코드다.

```
using UnityEngine;
using System.Collections;

public class Location
{
    public Vector3 position;
    public Quaternion rotation;

    public Location ()
    {
        position = Vector3.zero;
        rotation = Quaternion.identity;
    }

    public Location(Vector3 position, Quaternion rotation)
    {
        this.position = position;
        this.rotation = rotation;
    }
}
```

다음은 SlotAssignment 클래스 코드다.

```
using UnityEngine;
using System.Collections;
```

```
public class SlotAssignment
{
    public int slotIndex;
    public GameObject character;

    public SlotAssignment()
    {
        slotIndex = -1;
        character = null;
    }
}
```

다음은 Character 클래스 코드다.

```
using UnityEngine;
using System.Collections;

public class Character : MonoBehaviour
{
    public Location location;

    public void SetTarget (Location location)
    {
        this.location = location;
    }
}
```

예제 구현

FormationPattern과 FormationManager 두 클래스를 구현할 것이다.

1. 의사취상 클래스 FormationPattern을 만든다.

   ```
   using UnityEngine;
   using System.Collections;
   ```

```
using System.Collections.Generic;

public class FormationPattern: MonoBehaviour
{
    public int numOfSlots;
    public GameObject leader;
}
```

2. Start 함수를 구현한다.

```
void Start()
{
    if (leader == null)
        leader = transform.gameObject;
}
```

3. 주어진 슬롯의 위치 값을 가져오는 함수를 정의한다.

```
public virtual Vector3 GetSlotLocation(int slotIndex)
{
    return Vector3.zero;
}
```

4. 주어진 슬롯의 수가 대형을 충족하는지 알아내는 함수를 정의한다.

```
public bool SupportsSlots(int slotCount)
{
    return slotCount <= numOfSlots;
}
```

5. 필요한 경우 위치 보정 설정을 위한 함수를 구현한다.

```
public virtual Location GetDriftOffset(List<SlotAssignment> slotAssignments)
{
    Location location = new Location();
```

```
        location.position = leader.transform.position;
        location.rotation = leader.transform.rotation;
        return location;
    }
```

6. 대형을 관리하는 적합한 클래스를 제작한다.

```
using UnityEngine;
using System.Collections;
using System.Collections.Generic;

public class FormationManager : MonoBehaviour
{
    public FormationPattern pattern;
    private List<SlotAssignment> slotAssignments;
    private Location driftOffset;
}
```

7. Awake 함수를 구현한다.

```
void Awake()
{
    slotAssignments = new List<SlotAssignment>();
}
```

8. 주어진 순서 리스트를 통해 슬롯 할당을 갱신하는 함수를 정의한다.

```
public void UpdateSlotAssignments()
{
    for (int i = 0; i < slotAssignments.Count; i++)
    {
        slotAssignments[i].slotIndex = i;
    }
    driftOffset = pattern.GetDriftOffset(slotAssignments);
}
```

9. 대형에 캐릭터를 추가하는 함수를 구현한다.

```
public bool AddCharacter(GameObject character)
{
    int occupiedSlots = slotAssignments.Count;
    if (!pattern.SupportsSlots(occupiedSlots + 1))
        return false;
    SlotAssignment sa = new SlotAssignment();
    sa.character = character;
    slotAssignments.Add(sa);
    UpdateSlotAssignments();
    return true;
}
```

10. 대형에 캐릭터를 제거하는 함수를 구현한다.

```
public void RemoveCharacter(GameObject agent)
{
    int index = slotAssignments.FindIndex(x => x.character.Equals(agent));
    slotAssignments.RemoveAt(index);
    UpdateSlotAssignments();
}
```

11. 슬롯을 갱신하는 함수를 구현한다.

```
public void UpdateSlots()
{
    GameObject leader = pattern.leader;
    Vector3 anchor = leader.transform.position;
    Vector3 slotPos;
    Quaternion rotation;
    rotation = leader.transform.rotation;
    foreach (SlotAssignment sa in slotAssignments)
    {
    // 다음 단계
    }
}
```

```
    }
```

12. foreach 루프를 구현한다.

```
Vector3 relPos;
slotPos = pattern.GetSlotLocation(sa.slotIndex);
relPos = anchor;
relPos += leader.transform.TransformDirection(slotPos);
Location charDrift = new Location(relPos, rotation);
charDrift.position += driftOffset.position;
charDrift.rotation *= driftOffset.rotation;
Character character = sa.character.GetComponent<Character>();
character.SetTarget(charDrift);
```

예제 분석

FormationPattern 클래스는 주어진 슬롯의 상대 위치를 포함한다. 예를 들어, 자식 클래스인 CircleFormation 클래스에서는 주어진 슬롯의 수와 위치들을 360도 범위에서 분배하는 GetSlotLocation 함수를 재정의하게 될 것이다. 이 클래스는 기본 클래스로 구현을 의도했기 때문에, 권한이나 재정렬을 위한 레이터를 추가하는 것은 매니저의 몫이다. 이러한 방법을 통해서 디자이너는 기본 클래스를 상속받은 후, 단순한 포메이션 스크립팅에 집중할 수 있다.

먼저 언급한 FormationManager 클래스는 고수준의 레이어와 대형formation의 의도와 권한에 맞는 적절한 위치 배치를 다룬다. 계산은 리더의 위치와 회전 값을 기준으로 하고, 주어진 패턴의 원칙에 따라 필요한 변화를 적용한다.

부가 설명

FormationManager와 FormationPattern 클래스는 같은 객체의 컴포넌트로 부착돼야 한다. 매니저의 리더 멤버 변수가 null로 설정되면, 객체 자신이 리더가 된다. 이러한 방법을 통해 깔끔한 인스펙터 창과 클래스 모듈성을 위해서 이러한 방식을 통한 다른 리더 객체를 사용할 수 있다.

참고 자료

이번 예제 뒤에 숨겨진 이론과 관련해 좀 더 자세한 정보가 필요하다면 다음과 같은 자료들을 참고할 수 있다.

- 1장, '행동 – 영리한 움직임'의 예제 도착하기와 떠나기
- 이안 밀링턴[Ian Millington]의 『Artifical Intelligence for Game』

협동을 위한 A* 확장: A*mbush

경로 탐색을 위한 A* 구현 방법을 배운 이후, 플레이어를 돕기 위한 협동 행위를 개발하기 위해 A*의 강력함과 탄력성을 활용할 수 있다. 이 알고리즘은 앞서 언급한 문제를 해결하기 위해 쉽게 구현할 수 있고 저렴한 해결책이 필요할 때 유용하다.

준비 사항

에이전트를 위한 Lucker라고 불리는 특별 컴포넌트가 필요하다. 이 클래스는 추후 내비게이션 프로세스에서 사용될 경로를 가지고 있을 것이다.

다음은 Lurker의 코드다.

```
using UnityEngine;
using System.Collections;
using System.Collections.Generic;
```

```
public class Lurker : MonoBehaviour
{
    [HideInInspector]
    public List<Vertex> path;

    void Awake()
    {
        if (ReferenceEquals(path, null))
            path = new List<Vertex>();
    }
}
```

예제 구현

모든 에이전트들을 위한 매복 경로 설정을 위한 주요 함수를 만들 것이다. 그 이후 각 에이전트들의 경로를 설정하는 함수를 만들 것이다.

1. ambush를 위한 메인 함수를 정의한다.

```
public void SetPathAmbush(GameObject dstObj, List<Lurker> lurkers)
{
    Vertex dst = GetNearestVertex(dstObj.transform.position);
    foreach (Lurker l in lurkers)
    {
        Vertex src = GetNearestVertex(l.transform.position);
        l.path = AStarMbush(src, dst, l, lurkers);
    }
}
```

2. 각 경로 탐색을 위한 함수를 정의한다.

```
public List<Vertex> AStarMbush(
        Vertex src,
        Vertex dst,
        Lurker agent,
```

```
        List<Lurker> lurkers,
        Heuristic h = null)
{
  // 다음 단계
}
```

3. 추가 비용 계산을 다루는 필요한 멤버 변수들을 선언한다.

```
int graphSize = vertices.Count;
float[] extra = new float[graphSize];
float[] costs = new float[graphSize];
int i;
```

4. 정규 비용과 추가 비용 변수들을 초기화한다.

```
for (i = 0; i < graphSize; i++)
{
    extra[i] = 1f;
    costs[i] = Mathf.Infinity;
}
```

5. 다른 에이전트의 경로에 포함된 각 정점에 추가 비용을 더한다.

```
foreach (Lurker l in lurkers)
{
    foreach (Vertex v in l.path)
    {
        extra[v.id] += 1f;
    }
}
```

6. A* 계산을 위한 변수들을 선언하고 초기화한다.

```
Edge[] successors;
```

```
int[] previous = new int[graphSize];
for (i = 0; i < graphSize; i++)
    previous[i] = -1;
previous[src.id] = src.id;
float cost = 0;
Edge node = new Edge(src, 0);

GPWiki.BinaryHeap<Edge> frontier = new GPWiki.BinaryHeap<Edge>();
```

7. A* 메인 루프 구현을 시작한다.

```
frontier.Add(node);
while (frontier.Count != 0)
{
if (frontier.Count == 0)
    return new List<GameObject>();
        // 다음 단계
 }
return new List<Vertex>();
```

8. 이미 도달한 목표를 검증한다. 검증에 실패하면 비용 계산의 가치가 없으므로 평상시 A* 알고리즘을 적용하는 것이 더 낫다.

```
node = frontier.Remove();
if (ReferenceEquals(node.vertex, dst))
    return BuildPath(src.id, node.vertex.id, ref previous);
int nodeId = node.vertex.id;
if (node.cost > costs[nodeId])
    continue;
```

9. 이웃들을 순회하고, 방문했는지 체크한다.

```
successors = GetEdges(node.vertex);
foreach (Edge e in successors)
{
    int eId = e.vertex.id;
```

206

```
        if (previous[eId] != -1)
                continue;
    // 다음 단계
      }
```

10. 방문한 적이 없다면 그것들을 frontier 리스트에 추가한다.

```
cost = e.cost;
cost += costs[dst.id];
cost += h(e.vertex, dst);
if (cost < costs[e.vertex.id])
{
        Edge child;
        child = new Edge(e.vertex, cost);
        costs[eId] = cost;
          previous[eId] = nodeId;
          frontier.Remove(e);
          frontier.Add(child);
}
```

예제 분석

A* mbush 알고리즘은 모든 에이전트의 경로를 분석하고 해당 노드의 비용을 증가시킨다. 이러한 방법으로 에이전트가 A*를 사용해 경로를 계산할 때 다른 에이전트가 선택한 경로보다는 다른 경로를 선택하는 것이 낫다. 따라서 대상 위치 중 매복에 대한 인식이 생긴다.

부연 설명

기존 알고리즘에 비해 구현이 쉬우며 P-A* mbush 변형이 뛰어나다. 간단히 가장 멀리 떨어져있는 곳으로부터의 럴커들lurkers의 리스트 정렬로 계산 비용을 거의 들이지 않고도 더 나은 결과를 얻을 수 있다. 이것은 순서 연산이 단 한 번만 처리되고 우선순위 큐를 통해 쉽게 구현될 수 있기 때문에 추가적인 변경이 없이 주요 A* mbush 알고리즘에 대한 리스트 형태로 가져올 수 있다.

▎ 높이를 통한 웨이포인트 분석

이 예제는 웨이포인트의 위치를 통해 웨이포인트의 가치를 평가한다. 전략적으로 이야기하자면, 낮은 위치들은 단점이 있다. 이 경우, 주어진 웨이포인트 주변의 높이를 통해 웨이포인트의 가치를 알아내기 위한 탄력적인 알고리즘을 사용할 것이다.

준비 사항

이 예제는 매우 간단하기 때문에 추가적으로 알아야 할 사항이 없다. 이 알고리즘은 웨이포인트의 이웃에 의해 주어지거나 웨이포인트의 전체 그래프에 의해 주어진 위치 리스트를 받는 데 충분히 유연하다. 주변의 휴리스틱은 완벽한 판단을 위해 외부에 존재하며, 게임 특정 디자인을 제공한다.

예제 구현

주어진 높이와 주변을 통해 위치를 평가하는 함수를 구현할 것이다.

1. 가치를 평가하는 함수를 선언한다.

```
public static float GetHeightQuality (Vector3 location, Vector3[] surroundings)
{
  // 다음 단계
}
```

2. 계산을 위한 변수들을 초기화한다.

```
float maxQuality = 1f;
float minQuality = -1f;
float minHeight = Mathf.Infinity;
float maxHeight = Mathf.NegativeInfinity;
float height = location.y;
```

3. 최대 높이와 최소 높이를 찾기 위해 주변을 순회한다.

```
foreach (Vector3 s in surroundings)
{
        if (s.y > maxHeight)
            maxHeight = s.y;
        if (s.y < minHeight)
            minHeight = s.y;
}
```

4. 주어진 범위 안의 가치를 계산한다.

```
float quality = (height-minHeight) / (maxHeight - minHeight);
quality *= (maxQuality - minQuality);
quality += minQuality;
return quality;
```

예제 분석

최대 높이와 최소 높이를 찾기 위해 주변 환경 리스트를 순회한다. 그리고 위치의 가치를 −1에서 1 사이의 값으로 계산한다. 이 범위를 게임의 디자인에 충족하게끔 변경할 수 있다. 혹은 높이의 가치를 갖는 공식으로 역산할 수 있다.

커버와 가시성을 통한 웨이포인트 분석

밀리터리 게임, 특히 FPS와 같은 게임을 개발할 때, 웨이포인트의 능력^{capacity}에 의해 웨이포인트의 가치를 정의할 필요가 있다. 후위 백업을 하기 좋으면서 동시에 사격하기 좋은 최대 가시성을 가지고 있거나, 적들이 시각적으로 잘 보이는 지점이 웨이포인트의 능력이 좋은 곳이다. 이 예제는 이러한 파라미터를 통해 웨이포인트의 가치를 계산하는 데 도움을 줄 것이다.

준비 사항

위치가 다른 것들과 같은 공간에 있는지 체크하는 함수를 만들 필요가 있다.

```
public static bool IsInSameRoom(Vector3 from, Vector3 location, string tagWall =
"Wall")
{
    RaycastHit[] hits;
    Vector3 direction = location - from;
    float rayLength = direction.magnitude;
    direction.Normalize();
    Ray ray = new Ray(from, direction);
    hits = Physics.RaycastAll(ray, rayLength);
    foreach (RaycastHit h in hits)
    {
        string tagObj = h.collider.gameObject.tag;
        if (tagObj.Equals(tagWall))
            return false;
    }
    return true;
}
```

예제 구현

웨이포인트의 가치를 계산하는 함수를 만들 것이다.

1. 다음의 파라미터와 함께 함수를 정의한다.

```
public static float GetCoverQuality(
        Vector3 location,
        int iterations,
        Vector3 characterSize,
        float radius,
        float randomRadius,
        float deltaAngle)
{
  // 다음 단계
}
```

2. 회전의 정도와 가능한 히트 수 그리고 유효한 가시성을 다루는 변수를 초기화한다.

```
float theta = 0f;
int hits = 0;
int valid = 0;
```

3. 해당 웨이포인트에서 수행할 계산을 반복하고 계산 결과를 반환하는 메인 루프를 시작한다.

```
for (int i = 0; i < iterations; i++)
{
  // 다음 단계
}
return (float)(hits / valid);
```

4. 웨이포인트가 쉽게 접근 가능한지 보기 위한 웨이포인트 원점 근처의 임의 지점을 생성한다.

```
Vector3 from = location;
float randomBinomial = Random.Range(-1f, 1f);
from.x += radius * Mathf.Cos(theta) + randomBinomial * randomRadius;
```

```
from.y += Random.value * 2f * randomRadius;
from.z += radius * Mathf.Sin(theta) + randomBinomial * randomRadius;
```

5. 생성된 임의의 지점이 같은 공간에 있는지 체크한다.

```
if (!IsInSameRoom(from, location))
    continue;
valid++;
```

6. 웨이포인트의 주변, 캐릭터 템플릿의 대략의 크기, 위치를 계산한다.

```
Vector3 to = location;
to.x += Random.Range(-1f, 1f) * characterSize.x;
to.y += Random.value * characterSize.y;
to.z += Random.Range(-1f, 1f) * characterSize.z;
```

7. 캐릭터가 보일지에 대한 여부를 확인하기 위해 가시성 값에 레이케스팅을
한다.

```
Vector3 direction = to - location;
 float distance = direction.magnitude;
direction.Normalize();
Ray ray = new Ray(location, direction);
if (Physics.Raycast(ray, distance))
    hits++;
theta = Mathf.Deg2Rad * deltaAngle;
```

예제 분석

반복 횟수를 지정하고, 도달 가능한지 그리고 히트 가능한지를 검증하기 위한 웨이포
인트 주변에 임의의 숫자들을 두기 시작했다. 그 이후 가치를 결정하기 위해 계수들을
계산했다.

┃ 웨이포인트 자동으로 생성하기

대부분의 웨이포인트는 게임 디자이너가 수동으로 할당한다. 하지만 레벨이 절차적인 방식으로 생성된다면 어떤 일이 발생할까? 여기에서는 자동화된 에이전트용 해결책을 생각해봐야 한다.

이번 예제에서는 이 문제를 해결하는 데 도움을 주는 콘덴세이션condensation이라는 기술을 배울 것이다. 이 기술은 웨이포인트에 할당한 값을 가지고 웨이포인트끼리 서로 경쟁을 시킨다. 이는 적합한 웨이포인트가 승리함을 의미한다.

준비 사항

여기에서는 정적 멤버 함수를 다룰 것이다. 정적 함수를 사용하는 법과 활용하는 방법을 아는 것은 중요하다.

예제 구현

Waypoint 클래스를 생성할 것이다. 그리고 웨이포인트들의 집합을 컨덴싱하는 메서드를 추가할 것이다.

1. MonoBehaviour와 IComparer 인터페이스를 모두 상속 받는 클래스인 Waypoint 클래스를 만든다.

```
using UnityEngine;
using System.Collections;

using System.Collections.Generic;

public class Waypoint : MonoBehaviour, IComparer
{
    public float value;
        public List<Waypoint> neighbours;
```

```
}
```

2. 인터페이스 함수인 Compare를 구현한다.

```
public int Compare(object a, object b)
{
  Waypoint wa = (Waypoint)a;
  Waypoint wb = (Waypoint)b;
  if (wa.value == wb.value)
    return 0;
  if (wa.value < wb.value)
    return -1;
  return 1;
}
```

3. 에이전트가 한 웨이포인트에서 다른 웨이포인트로 도달할 수 있는지 여부를 확인하는 정적 함수를 구현한다.

```
public static bool CanMove(Waypoint a, Waypoint b)
{
  // 에이전트가 두 웨이포인트 사이를 쉽게 이동할 수 있는지 결정하는 행동을 여기에 구현한다.
  return true;
}
```

4. 웨이포인트의 후보군들을 축소시키는 멤버 함수를 정의한다.

```
public static void CondenseWaypoints(List<Waypoint> waypoints, float
distanceWeight)
{
  // 다음 단계
}
```

5. 필요한 값들을 초기화하고 웨이포인트들을 내림차순으로 정렬한다.

```
distanceWeight *= distanceWeight;
waypoints.Sort();
waypoints.Reverse();
List<Waypoint> neighbours;
```

6. 각 웨이포인트를 처리하는 루프를 시작한다.

```
foreach (Waypoint current in waypoints)
{
  // 다음 단계
}
```

7. 이웃한 웨이포인트들을 가져와서 정렬하고 웨이포인트들이 경쟁을 하게끔 하는 루프를 시작한다.

```
neighbours = new List<Waypoint>(current.neighbours);
neighbours.Sort();
foreach (Waypoint target in neighbours)
{
  if (target.value > current.value)
    break;
  if (!CanMove(current, target))
    continue;
  // 다음 단계
}
```

8. 대상의 위치를 계산한다.

```
Vector3 deltaPos = current.transform.position;
deltaPos -= target.transform.position;
deltaPos = Vector3.Cross(deltaPos, deltaPos);
deltaPos *= distanceWeight;
```

9. 대상의 총점을 계산하고, 해당 웨이포인트가 계속 존재할만한 가치가 있는지 결정한다.

```
float deltaVal = current.value - target.value;
deltaVal *= deltaVal;
if (deltaVal < distanceWeight)
{
  neighbours.Remove(target);
  waypoints.Remove(target);
}
```

예제 분석

그래프의 모든 노드 혹은 웨이포인트로서 존재 가치가 있는 모든 노드 웨이포인트를 할당한다. (컨덴세이션 알고리즘은 퍼포먼스를 강조하기 때문이다.)

웨이포인트는 관련이 있는 순서(스나이핑에 적합한 높이나 잇점이 존재하는 위치)에 따라 정렬한다. 그런 후 웨이포인트의 이웃을 확인해 어떤 것이 콘덴세이션을 통해 사라질지 살펴본다. 자연스레 가치가 떨어지는 웨이포인트가 끝까지 살아남게 된다.

부연 설명

현재 구현한 코드에서 멤버 변수의 값들은 지나치게 단순화돼 있다. 모든 웨이포인트의 다양한 관련 지점들을 결정하기 위해 퍼지 값과 함께 여러 멤버 변수들을 둬야 한다.

이 경우 연관 웨이포인트를 결정하는데 여기에서 나왔던 방식처럼 여러 가지 계산들을 하나의 종합적인 값으로 모두 조합하는 것은 좋은 방법이다. 아니면 Compare 구현에서 나온 것보다 더 나은 휴리스틱을 사용해 정렬 알고리즘이 기대한대로 동작하게 하는 것도 좋은 방법이다.

참고 자료

웨이포인트를 평가하는 방법에 대한 더 자세한 정보는 5장에 존재하는 다음의 예제를 참고하기 바란다.

- 높이를 통한 웨이포인트 분석
- 커버와 가시성을 통한 웨이포인트 분석

▌웨이포인트 의사 결정 예시

3장의 의사 결정에서 배운 웨이포인트 가치 평가는 그다지 유연하지 않았고 다소 절차가 복잡했다. 이 경우 해결책은 이전에 배웠던 기법을 웨이포인트 관련 문제를 해결하는 데 통합 및 적용하는 것이 될 수 있다.

이번 예제에 잠재돼 있는 핵심 아이디어는 노드에 조건을 추가해 이를 평가에 반영하는 것이다.

예를 들면 결정 트리를 사용해 웨이포인트의 가치를 계산하는 좀 더 복잡한 휴리스틱을 개발하는 것이다.

준비 사항

이 예제를 설명하기 앞서 3장의 유한 상태 기계 구현하기 예제를 읽어보길 권장한다.

예제 구현

Waypoint 클래스에 몇 가지 수정이 필요하다.

1. Waypoint 클래스의 Condition 클래스 멤버 변수를 하나 추가한다.

```
public Condition condition;
```

2. 사용할 조건 클래스를 할당한다. 여기에서는 `ConditionFloat`가 조건 클래스다.

```
condition = new ConditionFloat();
```

예제 분석

앞서 배웠던 의사 추상 클래스 Condition은 Test라는 멤버 함수를 가지고 있다. 이 함수가 조건에 충족하는지를 평가하게 된다.

참고 자료

의사 결정 및 조건과 관련한 더 자세한 정보는 다음 예제를 참고하길 바란다.

- 3장의 결정하기, 유한 상태 기계 구현

▌영향력 분포도(Influence maps) 구현

그래프를 사용하는 다른 방법은 에이전트에 얼마나 접근했는지, 혹은 얼마나 영향력이 있는지, 하나의 유닛의 경우 세계의 지역에 얼마나 분포됐는지 표현하는 것이다. 이러한 경우에 영향력은 에이전트 혹은 동일한 파티에 속해 있는 에이전트 그룹이 커버하는 맵의 전체 넓이로 표현할 수 있다.

이는 밀리터리 기반으로 존재하는 리얼타임 시뮬레이션 게임이나 각각의 주어진 진영을 대표하는 에이전트의 그룹이 월드를 얼마나 장악했는지 아는 것이 중요한 게임의 좋은 AI 결정 메커니즘을 만드는 주요 요소다.

준비 사항

이 예제는 그래프를 다룬 경험이 필요하다. 일반적인 Graph 클래스 기반으로 돼 있기 때문이다.

즉, 이 예제에서는 2장, '내비게이션'에서 배웠던 정점과 정점의 이웃들을 가져오는 로직들을 다루기 위해 그래프의 정의(독자의 기호와 상관 없이)를 활용하거나 독자 메서드를 정의해야 함을 의미한다.

이번 예제에서는 Graph 클래스의 일반 함수와 Vertex 클래스를 기반으로 하는 특정 알고리즘 몇 가지를 구현하는 법을 배울 것이다.

마지막으로 Faction enum과 에이전트를 위한 기본 Unity 컴포넌트가 필요하다.

다음은 Fraction enum과 Unit 클래스의 코드다. Unit.cs한 파일에 모두 구현할 수 있다.

```
using UnityEngine;
using System.Collections;

public enum Faction
{
    // 예제 값들
    BLUE, RED
}


public class Unit : MonoBehaviour
{
    public Faction faction;
    public int radius = 1;
    public float influence = 1f;
```

```
    public virtual float GetDropOff(int locationDistance)
    {
        return influence;
    }
}
```

예제 구현

정점들을 다루는 데 사용되는 `VertexInfluence`와 그래프를 다루는 데 사용되는 `InfluenceMap` 클래스를 만들 것이다.

   1. `Vertex`를 상속받는 `VertexInfluence` 클래스를 만든다.

```
using UnityEngine;
using System.Collections;
using System.Collections.Generic;

public class VertexInfluence : Vertex
{
    public Faction faction;
    public float value = 0f;
}
```

   2. 값을 설정하는 함수를 구현한다. (성공하면 true를, 실패하면 false를 반환한다.)

```
public bool SetValue(Faction f, float v)
{
    bool isUpdated = false;
    if (v > value)
    {
        value = v;
        faction = f;
        isUpdated = true;
    }
    return isUpdated;
```

```
    }
```

3. Graph(또는 더 구체적인 그래프 구현)를 상속받는 InfluenceMap 클래스를 만든다.

```
using UnityEngine;
using System.Collections.Generic;

public class InfluenceMap : Graph
{
    public List<Unit> unitList;
    // 정규 그래프에서 정점처럼 작동함
    GameObject[] locations;
}
```

4. 초기화를 위한 Awake 함수를 정의한다.

```
void Awake()
{
    if (unitList == null)
        unitList = new List<Unit>();

        // 맵 플루딩
    guildList = gameObject.GetComponents<Guild>();
}
```

5. 지도에 유닛을 추가하는 함수를 구현한다.

```
public void AddUnit(Unit u)
{
    if (unitList.Contains(u))
        return;
    unitList.Add(u);
}
```

6. 지도에 유닛을 제거하는 함수를 구현한다.

```
public void RemoveUnit(Unit u)
{
    unitList.Remove(u);
}
```

7. 영향력을 계산하는 함수를 만든다.

```
public void ComputeInfluenceSimple()
{
    VertexInfluence v;
    float dropOff;
    List<Vertex> pending = new List<Vertex>();
    List<Vertex> visited = new List<Vertex>();
    List<Vertex> frontier;
    Vertex[] neighbours;

        // 다음 단계
}
```

8. 유닛들의 리스트를 반복 순회하는 루프를 만든다.

```
foreach (Unit u in unitList)
{
    Vector3 uPos = u.transform.position;
    Vertex vert = GetNearestVertex(uPos);
    pending.Add(vert);
        // 다음 단계
}
```

9. 주어진 도달 반경에 퍼지는 영향도를 구하기 위해 BFS 기반의 코드를 적용한다.

```
// 영향도를 구하기 위해 BFS를 사용한다.
```

```
for (int i = 1; i <= u.radius; i++)
{
        frontier = new List<Vertex>();
        foreach (Vertex p in pending)
        {

                if (visited.Contains(p))
                    continue;
                 visited.Add(p);
                 v = p as VertexInfluence;
                dropOff = u.GetDropOff(i);
                 v.SetValue(u.faction, dropOff);
                neighbours = GetNeighbours(vert);
                frontier.AddRange(neighbours);
        }
        pending = new List<Vertex>(frontier);
}
```

예제 분석

영향력 분포도 그래프는 영향력 기반의 정점뿐만 아니라 일반 그래프처럼 완벽하게 동작한다. 왜냐하면, 그래프 내에 영향력을 매핑하기 위한 몇몇의 추가 파라미터가 존재하기 때문이다. 가장 관련된 부분은 영향력 계산에 의존하며 계산의 기반은 BFS 알고리즘이다.

지도의 각각 유닛마다 주어진 반경 내로 유닛의 영향력을 퍼트린다. 계산된 영향력 (drop off값)이 기존 원래 세력 정점보다 큰 경우, 정점의 세력은 변경이 된다.

부연 설명

drop-off 함수는 게임의 요구 조건에 따라서 변경돼야 한다. locationDistance 파라미터를 활용해 다음의 예제 코드와 같이 좀 더 영리한 함수를 정의할 수 있다.

```
public virtual float GetDropOff(int locationDistance)
{
    float d = influence / radius * locationDistance;
    return influence - d;
}
```

`locationDistance` 파라미터가 정점들에서 측정된 거리를 가리키는 정수형임을 주목하라.

마지막으로 세력을 사용하는 대신에 유닛 자체의 참조를 사용할 수 있다. 이러한 방식으로 각 개별 유닛을 기반으로 한 영향력을 계산할 수 있다. 다만 여기에서는 세력이나 팀의 관점에서 보는 것이 적합하다고 판단했다.

참고 자료

- 2장의 내비게이션, 그리드를 통한 월드 표현법 예제와 BFS를 통한 그리드 내 최단경로 탐색 예제

▍맵 플루딩으로 영향력 개선하기

이전 영향력 계산은 세력을 돕는 개개인의 유닛을 기반으로 한 간단한 영향력을 다루는 데 충분했다. 하지만 이 방법은 전체 지역을 커버하지 못하고 지도에 빈 공간^{hole}을 유발한다. 이 문제를 해결하는 방법 중 하나는 다익스트라 알고리즘을 기반으로 해 넘치게 하는 것 ^{flooding}이다.

준비 사항

이번 예제에서는 두 가지 개념을 하나의 클래스에 조합할 것이다. 첫 번째 개념은 하

나의 단체에서 소유하고 있다는 사실을 정점 태깅을 통해 표기하는 것이다. 두 번째 개념은 유닛의 드롭오프^{drop-off} 함수다. 이 클래스를 Guild라고 부를 것이며 이 컴포넌트는 게임 오브젝트에 부착할 것이다. 하나의 컴포넌트는 각각 맞는 길드를 의미한다.

```
using UnityEngine;
using System;
using System.Collections;

public class Guild : MonoBehaviour
{
    public string guildName;
    public int maxStrength;
    public GameObject baseObject;
    [HideInInspector]
    public int strengh;

    public virtual void Awake()
    {
        strenght = maxStrength;
    }
}
```

또한 drop-off 함수가 필요하다. 하지만 이번에는 오일러 거리를 사용해 예제를 만들 것이다.

```
public virtual float GetDropOff(float distance)
{
    float d = Mathf.Pow(1 + distance, 2f);
    return strengh / d;
}
```

노드의 다익스트라 알고리즘 표현을 위한 GuildRecord 데이터 타입이 필요하다.

```
using UnityEngine;
using System.Collections;
```

```
using System;
```

1. IComparable 인터페이스를 상속해 GuildRecord 구조체를 만든다.

```csharp
public struct GuildRecord : IComparable<GuildRecord>
{
    public Vertex location;
    public float strength;
    public Guild guild;
}
```

2. Equal 함수를 구현한다.

```csharp
public override bool Equals(object obj)
{
    GuildRecord other = (GuildRecord)obj;
    return location == other.location;
}

public bool Equals(GuildRecord o)
{
    return location == o.location;
}
```

3. IComparable 인터페이스에 필요한 함수를 구현한다.

```csharp
public override int GetHashCode()
{
    return base.GetHashCode();
}

public int CompareTo(GuildRecord other)
{
    if (location == other.location)
        return 0;
// 빼기는 내림차순 이진 힙을 갖는 것의 반대다.
```

```
        return (int)(other.strength - strength);
    }
```

예제 구현

이제, 몇몇의 파일을 수정하고 기능들을 추가한다.

1. VertexInfluence 클래스에 guild 멤버를 추가한다.

   ```
   public Guild guild;
   ```

2. InfluenceMap 클래스에 새로운 멤버 변수들을 추가한다.

   ```
   public float dropOffThreshold;
   // 맵 플루딩(게임 오프젝트에 컴포넌트들이 추가됨)
   private Guild[] guildList;
   ```

3. InfluenceMap에 Awke 함수를 다음과 같이 추가한다.

   ```
   guildList = gameObject.GetComponents<Guild>();
   ```

4. map-flooding 함수를 만든다.

   ```
   public List<GuildRecord> ComputeMapFlooding()
   {
   }
   ```

5. 필요한 변수들을 선언한다.

   ```
   GPWiki.BinaryHeap<GuildRecord> open;
   open = new GPWiki.BinaryHeap<GuildRecord>();
   List<GuildRecord> closed;
   ```

```
closed = new List<GuildRecord>();
```

6. 우선순위 큐에서 각 길드를 위한 초기 노드를 추가한다.

```
foreach (Guild g in guildList)
{
    GuildRecord gr = new GuildRecord();
    gr.location = GetNearestVertex(g.baseObject);
    gr.guild = g;
    gr.strength = g.GetDropOff(0f);
    open.Add(gr);
}
```

7. 주요 다익스트라 반복 구문을 만들고, 할당된 값을 반환한다.

```
while (open.Count != 0)
{
    // 다음 단계는 여기에서
}
return closed;
```

8. 큐에서 첫 번째 노드를 취하고, 그것의 이웃을 구한다.

```
GuildRecord current;
current = open.Remove();
Vertex v = current.location;
Vector3 currPos;
currPos = v.transform.position;
Vertex[] neighbours;
neighbours = GetNeighbours(v);
```

9. 각 이웃을 계산하기 위한 루프를 만들고, 현재 노드를 닫힌closed 리스트에 넣는다.

```
foreach (Vertex n in neighbours)
```

```
{
    // 다음 단계는 여기에서
}
closed.Add(current);
```

10. 현재의 정점으로부터 drop off를 계산하고, 현재 할당된 길드를 바꿔야 할 필
    요성이 있는지 체크한다.

```
Vector3 nPos = n.transform.position;
float dist = Vector3.Distance(currPos, nPos);
float strength = current.guild.GetDropOff(dist);
if (strength < dropOffThreshold)
        continue;
```

11. 현재 정점의 데이터와 함께 보조 GuildRecord 노드를 만든다.

```
GuildRecord neighGR = new GuildRecord();
neighGR.location = n;
neighGR.strength = strength;
 VertexInfluence vi;
vi = n as VertexInfluence;
neighGR.guild = vi.guild;
```

12. 닫힌 리스트를 확인하고 새로운 할당을 피해야 할 시간인지 검증한다.

```
if (closed.Contains(neighGR))
{
    Vertex location = neighGR.location;
    int index = closed.FindIndex(x => x.location == location);
    GuildRecord gr = closed[index];
    if (gr.guild.name != current.guild.name
            && gr.strength < strength)
        continue;
}
```

13. 동일한 이유로 우선순위 큐를 체크한다.

```
else if (open.Contains(neighGR))
{
    bool mustContinue = false;
     foreach (GuildRecord gr in open)
    {
        if (gr.Equals(neighGR))
        {
            mustContinue = true;
            break;
        }
    }
    if (mustContinue)
        continue;
}
```

14. 앞의 모든 것이 실패했을 때, 새 GuildRecord를 할당하고 우선순위 큐에 추가한다.

```
  else
{
        neighGR = new GuildRecord();
        neighGR.location = n;
}
neighGR.guild = current.guild;
neighGR.strength = strength;
```

15. 필요하면 우선순위 큐에 추가한다.

```
open.Add(neighGR);
```

예제 분석

이 알고리즘은 길드의 위치부터 시작해 전체 그래프를 순회한다. 이전에 주어진 빼기의 역산으로, 우선순위 큐는 항상 가장 긴 노드부터 출발하고 dropOffThreshold값 아래에 도달할 때까지 할당^{assignment}을 계산한다. 또한 조건이 부합하지 않는 경우 새로운 할당을 피하는 방법을 검사한다. 그 조건은 정점의 가치가 현재보다 더 큰 경우이거나 길드의 할당이 같은 경우다.

참고 자료

- 영향력 분포도 소개 예제
- 2장, '내비게이션'의 다익스트라를 통한 최단 경로 탐색 예제

▌ 컨볼루션 필터를 활용한 영향력 향상시키기

컨볼루션^{convolution} 필터는 종종 이미지 프로세싱 소프트웨어에 적용된다. 하지만 이 원리를 동일하게 주어진 유닛의 가치와 그 주변 가치를 가지고 그리드의 영향력을 변경하는 데 사용할 수 있다. 이 예제는 행렬 필터들을 사용해 그리드를 수정하는 몇몇 알고리즘을 탐색한다.

준비 사항

이 예제를 구현하기 전에 영향력 분포도의 콘셉트를 이해해야 한다. 그래야만 적용된 문맥을 이해할 수 있다.

예제 구현

Convolve 함수를 구현할 것이다.

1. Convolve 함수를 선언한다.

```
public static void Convolve(
        float[,] matrix,
        ref float[,] source,
        ref float[,] destination)
{
// 다음 단계
    }
```

2. 배열의 순회와 계산을 다루는 변수들을 초기화한다.

```
int matrixLength = matrix.GetLength(0);
int size = (int)(matrixLength - 1) / 2;
int height = source.GetLength(0);
int width = source.GetLength(1);
int i, j, k, m;
```

3. 그리드의 원점과 목적지를 순회하는 첫 루프를 만든다.

```
for (i = 0; i < width - size; i++)
{
    for (j = 0; j < height - size; j++)
    {
  // 다음 단계
    }
}
```

4. 행렬 필터를 순회하는 두 번째 루프를 구현한다.

```
destination[i, j] = 0f;
for (k = 0; k < matrixLength; k++)
```

```
{
    for (m = 0; m < matrixLength; m++)
    {
        int row = i + k - size;
        int col = j + m - size;
        float aux = source[row, col] * matrix[k, m];
        destination[i, j] += aux;
    }
}
```

예제 분석

각 위치에 매트릭스 필터를 적용한 후 원본 소스 그리드와 교체할 새 그리드를 만든다. 그런 다음 대상^{destination} 그리드로 생성될 각 위치를 반복^{iterate}하고 그 결과를 계산하며 원본 그리드의 값을 취해 매트릭스 필터를 적용한다.

알고리즘이 예상대로 작동하려면 행렬 필터가 홀수 스퀘어$^{odd-square}$ 배열이어야 한다.

부연 설명

다음은 이전에 구현한 Convolve 함수를 사용해 순회를 돕는 ConvolveDriver 함수의 코드다.

1. ConvolveDriver 함수를 선언한다.

```
public static void ConvolveDriver(
        float[,] matrix,
        ref float[,] source,
        ref float[,] destination,
        int iterations)
{
// 다음 단계
}
```

2. 그리드를 가지고 있을 보조 변수들을 만든다.

```
float[,] map1;
float[,] map2;
int i;
```

3. iterations 값이 짝수든 홀수든 상관없이 지도를 바꾼다.

```
if (iterations % 2 == 0)
{
    map1 = source;
    map2 = destination;
}
else
{
    destination = source;
    map1 = destination;
    map2 = source;
}
```

4. 맵을 반복적으로 교환하는 동안 앞서 만든 함수를 적용한다.

```
for (i = 0; i < iterations; i++)
{
    Convolve(matrix, ref source, ref destination);
    float[,] aux = map1;
    map1 = map2;
    map2 = aux;
}
```

참고 자료

- 영향력 분포도 소개 예제

▌싸움 주기 만들기

이 예제는 'Kingdoms of Amalur: Reckoning'이란 게임을 위해 고안된 쿵푸 사이클 알고리즘 기반이다. 이 알고리즘의 목적은 플레이어에게 접근하고 공격을 하게 하는 적을 만드는 지능적인 방법을 제공하는 것이다. 대형 예제와 매우 유사하지만, 적의 가중치와 공격의 가중치를 기반으로 하는 접근과 공격 권한을 다루는 스테이지^{stage} 매니저를 사용한다. 또한 스테이지 매니저는 싸움 주기 리스트를 다룰 수 있게끔 구현돼 있는데 이는 특히 멀티플레이어 게임에 적합하다.

준비 사항

싸움 주기 알고리즘을 구현하기 전에 몇 가지 기술을 동반하는 컴포넌트를 만들어야 한다. 첫째, Attack 클래스는 각 적들에 대한 일반적 공격을 생성하는 의사 추상 클래스다. 그리고 게임에서 커스텀 공격을 위한 템플릿을 제공한다. 두 번째로 Enemy 클래스가 필요한데, 이는 적의 로직을 가지고 있으며 요청을 담고 있다. 앞으로 보겠지만 Enemy 클래스는 게임 오브젝트 안에서 각기 다른 공격 컴포넌트의 리스트를 담고 있다.

다음은 Attack 클래스의 코드다.

```
using UnityEngine;
using System.Collections;

public class Attack : MonoBehaviour
{
    public int weight;

    public virtual IEnumerator Execute()
    {
        // 공격 행위를 이곳에 구현한다.
        yield break;
    }
```

```
}
```

다음은 Enemy 컴포넌트를 만드는 과정이다.

1. Enemy 클래스를 만든다.

```
using UnityEngine;
using System.Collections;

public class Enemy : MonoBehaviour
{
    public StageManager stageManager;
    public int slotWeight;
    [HideInInspector]
    public int circleId = -1;
    [HideInInspector]
    public bool isAssigned;
    [HideInInspector]
    public Attack[] attackList;
}
```

2. Start 함수를 구현한다.

```
void Start()
{
    attackList = gameObject.GetComponents<Attack>();
```

3. 대상의 싸움주기를 할당하는 함수를 구현한다.

```
public void SetCircle(GameObject circleObj = null)
{
    int id = -1;
    if (circleObj == null)
    {
        Vector3 position = transform.position;
        id = stageManager.GetClosestCircle(position);
```

```
    }
    else
    {
        FightingCircle fc;
        fc = circleObj.GetComponent<FightingCircle>();
        if (fc != null)
            id = fc.gameObject.GetInstanceID();
    }
    circleId = id;
}
```

4. 매니저에게 슬롯을 요청하는 함수를 만든다.

```
public bool RequestSlot()
{
    isAssigned = stageManager.GrantSlot(circleId, this);
     return isAssigned;
}
```

5. 메니저로부터 슬롯 해제를 요청하는 함수를 정의한다.

```
public void ReleaseSlot()
{
    stageManager.ReleaseSlot(circleId, this);
    isAssigned = false;
    circleId = -1;
}
```

6. 리스트(순서는 인스펙터에 나온 것과 동일함)로부터 공격을 요청하는 함수를 구현
한다.

```
public bool RequestAttack(int id)
{
    return stageManager.GrantAttack(circleId, attackList[id]);
}
```

7. 공격 행위를 위한 가상 함수를 정의한다.

```
public virtual IEnumerator Attack()
{
// 해야 할 일
// 공격 행위는 여기에 구현한다.
    yield break;
}
```

예제 구현

이제, FightingCircle과 StageManager 클래스를 구현할 것이다.

1. 멤버 변수들과 함께 FightingCircle 클래스를 만든다.

```
using UnityEngine;
using System.Collections;
using System.Collections.Generic;

public class FightingCircle : MonoBehaviour
{

    public int slotCapacity;
    public int attackCapacity;
    public float attackRadius;
    public GameObject player;
    [HideInInspector]
    public int slotsAvailable;
    [HideInInspector]
    public int attackAvailable;
    [HideInInspector]
    public List<GameObject> enemyList;
    [HideInInspector]
    public Dictionary<int, Vector3> posDict;
}
```

2. 초기화를 위한 Awake 함수를 구현한다.

```
void Awake()
{
    slotsAvailable = slotCapacity;
    attackAvailable = attackCapacity;
    enemyList = new List<GameObject>();
    posDict = new Dictionary<int, Vector3>();
    if (player == null)
        player = gameObject;
}
```

3. Update 함수를 정의해, 슬롯들의 위치가 갱신되게끔 한다.

```
void Update()
{
    if (enemyList.Count == 0)
        return;
    Vector3 anchor = player.transform.position;
    int i;
    for (i = 0; i < enemyList.Count; i++)
    {
        Vector3 position = anchor;
        Vector3 slotPos = GetSlotLocation(i);
        int enemyId = enemyList[i].GetInstanceID();
        position += player.transform.TransformDirection(slotPos);
        posDict[enemyId] = position;
    }
}
```

4. 패거리 적들을 추가하는 함수를 구현한다.

```
public bool AddEnemy(GameObject enemyObj)
{
    Enemy enemy = enemyObj.GetComponent<Enemy>();
    int enemyId = enemyObj.GetInstanceID();
    if (slotsAvailable < enemy.slotWeight)
        return false;
```

```
        enemyList.Add(enemyObj);
        posDict.Add(enemyId, Vector3.zero);
        slotsAvailable -= enemy.slotWeight;
        return true;
    }
```

5. 패거리에서 적들을 제거하는 함수를 구현한다.

```
public bool RemoveEnemy(GameObject enemyObj)
{
    bool isRemoved = enemyList.Remove(enemyObj);
    if (isRemoved)
    {
        int enemyId = enemyObj.GetInstanceID();
        posDict.Remove(enemyId);
        Enemy enemy = enemyObj.GetComponent<Enemy>();
        slotsAvailable += enemy.slotWeight;
    }
    return isRemoved;
}
```

6. 패거리에서 적 위치를 바꾸는 함수를 구현한다.

```
public void SwapEnemies(GameObject enemyObjA, GameObject enemyObjB)
{
    int indexA = enemyList.IndexOf(enemyObjA);
    int indexB = enemyList.IndexOf(enemyObjB);
    if (indexA != -1 && indexB != -1)
    {
        enemyList[indexB] = enemyObjA;
        enemyList[indexA] = enemyObjB;
    }
}
```

7. 패거리에 의한 적들의 공간 상의 위치를 얻는 함수를 구현한다.

```
public Vector3? GetPositions(GameObject enemyObj)
```

```
{
    int enemyId = enemyObj.GetInstanceID();
    if (!posDict.ContainsKey(enemyId))

        return null;
    return posDict[enemyId];
}
```

8. 슬롯의 공간상 위치를 계산하는 함수를 구현한다.

```
private Vector3 GetSlotLocation(int slot)
{
    Vector3 location = new Vector3();
    float degrees = 360f / enemyList.Count;
    degrees *= (float)slot;
    location.x = Mathf.Cos(Mathf.Deg2Rad * degrees);
    location.x *= attackRadius;
    location.z = Mathf.Cos(Mathf.Deg2Rad * degrees);
    location.z *= attackRadius;
    return location;
}
```

9. 패거리에 공격을 가상으로 추가하는 함수를 구현한다.

```
public bool AddAttack(int weight)
{
    if (attackAvailable - weight < 0)
        return false;
    attackAvailable -= weight;
    return true;
}
```

10. 패거리로부터 공격을 가상으로 해제하는 함수를 정의한다.

```
public void ResetAttack()
{
    attackAvailable = attackCapacity;
```

```
    }
```

11. 이제 StageManager 클래스를 만든다.

```
using UnityEngine;
using System.Collections;
using System.Collections.Generic;

public class StageManager : MonoBehaviour
{
    public List<FightingCircle> circleList;
    private Dictionary<int, FightingCircle> circleDic;
    private Dictionary<int, List<Attack>> attackRqsts;
}
```

12. 초기화를 위한 Awake 함수를 구현한다.

```
void Awake()
{
    circleList = new List<FightingCircle>();
    circleDic = new Dictionary<int, FightingCircle>();
    attackRqsts = new Dictionary<int, List<Attack>>();
    foreach(FightingCircle fc in circleList)
    {
        AddCircle(fc);
    }
}
```

13. 매니저에 패거리를 추가하는 함수를 만든다.

```
public void AddCircle(FightingCircle circle)
{
    if (!circleList.Contains(circle))
        return;
    circleList.Add(circle);
    int objId = circle.gameObject.GetInstanceID();
```

```
        circleDic.Add(objId, circle);
        attackRqsts.Add(objId, new List<Attack>());
    }
```

14. 매니저로부터 패거리를 제거하는 함수를 만든다.

```
public void RemoveCircle(FightingCircle circle)
{
    bool isRemoved = circleList.Remove(circle);
    if (!isRemoved)
        return;
    int objId = circle.gameObject.GetInstanceID();
    circleDic.Remove(objId);
    attackRqsts[objId].Clear();
    attackRqsts.Remove(objId);
}
```

15. 위치가 주어지면, 가장 가까운 패거리를 구하는 함수를 정의한다.

```
public int GetClosestCircle(Vector3 position)
{
    FightingCircle circle = null;
    float minDist = Mathf.Infinity;
    foreach(FightingCircle c in circleList)
    {
        Vector3 circlePos = c.transform.position;
        float dist = Vector3.Distance(position, circlePos);

        if (dist < minDist)
        {
            minDist = dist;
            circle = c;
        }
    }
    return circle.gameObject.GetInstanceID();
}
```

16. 주어진 패거리에서 적 슬롯을 보장하는 함수를 정의한다.

```
public bool GrantSlot(int circleId, Enemy enemy)
{
    return circleDic[circleId].AddEnemy(enemy.gameObject);
}
```

17. 주어진 패거리 id로 적을 제거하는 함수를 구현한다.

```
public void ReleaseSlot(int circleId, Enemy enemy)
{
    circleDic[circleId].RemoveEnemy(enemy.gameObject);
}
```

18. 공격 허가를 보장하는 함수를 정의하고, 매니저에 추가한다.

```
public bool GrantAttack(int circleId, Attack attack)
{
    bool answer = circleDic[circleId].AddAttack(attack.weight);
    attackRqsts[circleId].Add(attack);
    return answer;
}
```

19. 큐에 담긴 공격을 수행하는 함수를 구현한다.

```
public IEnumerator ExecuteAtacks()
{
    foreach (int circle in attackRqsts.Keys)
    {
        List<Attack> attacks = attackRqsts[circle];
        foreach (Attack a in attacks)
            yield return a.Execute();
    }
    foreach (FightingCircle fc in circleList)
        fc.ResetAttack();
}
```

예제 분석

Attack과 Enemy 클래스는 필요할 때 행위를 컨트롤한다. 그렇게 해 Enemy 클래스는 게임 오브젝트 안의 다른 컴포넌트로부터 호출된다. FightingCircle 클래스는 주어진 적을 위한 대상의 위치를 계산한다는 점에서 FormationPattern과 매우 유사하다. 다만 방법의 차이가 살짝 다를 뿐이다. 마지막으로 StageManager는 각 주기에서 적과 공격 슬롯을 할당하고 해제하는 필요한 모든 권한을 보장한다.

부연 설명

싸움 주기가 대상 플레이어 자체로 동작하는 게임 오브젝트의 컴포넌트로 혹은 플레이어의 게임 오브젝트의 참조를 가지고 있는 다른 빈 객체에 추가 가능하다는 것은 의미가 없다.

또한 공격 허가 및 실행 기능을 FightingCircle로 옮길 수 있다.

필자는 이 기능들을 FightingManager에 유지하고, FightingCircle은 포메이션처럼 목표 위치만을 처리하게 해 공격 실행을 중앙에서 제어하길 원했다.

참고 자료

더 자세한 정보는 다음의 자료를 참고하길 바란다.

- 대형 다루기 예제 참조
- 쿵푸 주기 알고리즘에 대한 자세한 정보는 스티브 라빈[Steve Rabin]의 『Game AI Pro』 참조

06

에이전트 인지

감각 자극하기와 에이전트 의식에 관한 알고리즘 예제를 배울 것이다.

- 콜라이더 기반 시스템을 활용한 시각 기능
- 콜라이더 기반 시스템을 활용한 청각 기능
- 콜라이더 기반 시스템을 활용한 후각 기능
- 그래프 기반 시스템을 활용한 시각 기능
- 그래프 기반 시스템을 활용한 청각 기능
- 그래프 기반 시스템을 활용한 후각 기능
- 스텔스 게임의 인지 제작

▌소개

6장에서는 에이전트 감각 자극 시뮬레이션을 하는 여러 가지 다른 접근법에 대해 배울 것이다. 이러한 시뮬레이션을 제작하는 데 이미 우리에게 친숙한 도구(콜라이더와 그래프)를 사용하는 방법을 배울 것이다.

첫 번째 접근 방법으로 3차원 세계에서 근처 객체를 쉽게 얻기 위해 레이캐스팅과 콜라이더 그리고 OnCollisionEnter와 같은 이 컴포넌트에 장착되는 MonoBehaviour 함수의 장점을 이용할 것이다. 그래프 이론과 함수들을 사용해 동일할 자극을 시뮬레이션하는 방법을 배울 것이다. 그렇게 해 이러한 방식으로 월드를 표현하는 장점을 취할 것이다.

이전에 배웠던 감각 레벨 알고리즘과 같은 여러 접근법을 섞어 에이전트 인지를 구현하는 방법을 배울 것이다.

▌콜라이더 기반 시스템을 활용한 시각 기능

아마도 시각을 자극하는 가장 쉬운 방법일 것이다. 매쉬나 유니티의 기본^{primitive}과 같은 콜라이더를 취해, 이를 객체가 에이전트의 시야 범위에 있는지 없는지 결정하는 도구로서 활용한다.

준비 사항

이 예제에서 스크립트를 사용해 콜라이더 컴포넌트뿐만 아니라 6장의 다른 콜라이더 베이스 알고리즘 역시 동일한 게임 오브젝트에 부착해야 한다. 이 경우 원뿔형 시각을 시뮬레이션하기 위해 콜라이더를 피라미드 기반으로 하는 것을 추천한다. 폴리곤의 개수가 적을수록 게임에서의 속도는 더 빨라질 것이다.

예제 구현

근방의 적들을 보기 위한 컴포넌트를 만들 것이다.

1. 멤버 변수들의 선언과 함께 Visor 컴포넌트를 만든다. 유니티의 설정^{configuration}
에서 상응하는 태그를 추가해야만 한다.

```
using UnityEngine;
using System.Collections;

public class Visor : MonoBehaviour
{
    public string tagWall = "Wall";
    public string tagTarget = "Enemy";
    public GameObject agent;
}
```

2. 컴포넌트가 이미 할당된 경우를 위한 게임 오브젝트를 초기화하는 함수를 구
현한다.

```
void Start()
{
    if (agent == null)
        agent = gameObject;
}
```

3. 매 프레임마다 충돌을 확인하는 함수를 선언한다.

```
public void OnTriggerStay(Collider coll)
{
// 다음 단계는 여기에
}
```

4. 충돌한 것이 대상 목표가 아니라면 버린다.

```
string tag = coll.gameObject.tag;
if (!tag.Equals(tagTarget))
return;
```

5. 바라보는 주체^{visor}로부터 게임 오브젝트의 위치를 구하고 방향을 계산한다.

```
GameObject target = coll.gameObject;
Vector3 agentPos = agent.transform.position;
Vector3 targetPos = target.transform.position;
Vector3 direction = targetPos - agentPos;
```

6. 크기를 계산하고, 앞으로 발사할 새로운 레이를 만든다.

```
float length = direction.magnitude;
direction.Normalize();
Ray ray = new Ray(agentPos, direction);
```

7. 앞서 만든 레이를 발사하고, 히트한 모든 것을 가져온다.

```
RaycastHit[] hits;
hits = Physics.RaycastAll(ray, length);
```

8. 바라보는 주체와 대상 사이에 벽이 있는지 확인한다. 벽이 없다면 제작한 함수 호출이나 트리거가 될 특정 행위를 진행시킨다.

```
int i;
for (i = 0; i < hits.Length; i++)
{
    GameObject hitObj;
    hitObj = hits[i].collider.gameObject;
```

```
        tag = hitObj.tag;
        if (tag.Equals(tagWall))
            return;
}
// 할 일
// 대상이 보임
// 원하는 특정 행위를 구현할 것
```

예제 분석

다음 그림은 두 단계 비전 시스템이 어떻게 동작하는지 보여준다.

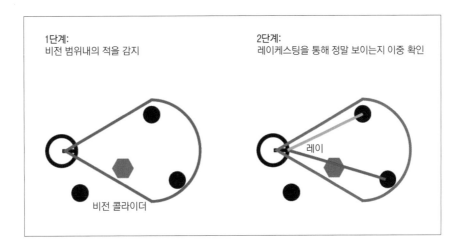

콜라이더 컴포넌트는 씬 안의 모든 게임 오브젝트가 충돌하는지 매 프레임마다 확인한다. 유니티의 씬 그래프와 엔진 최적화의 도움을 받아, 유효한 충돌을 어떻게 처리할 것인지에만 집중할 수 있다.

확인 이후, 콜라이더에 의해 표현된 시야 범위 안에 대상 물체가 존재한다면 사이에 장애물이 있는지 혹은 진짜로 대상이 보이는지 확인하기 위한 레이를 발사한다.

▎ 콜라이더 기반 시스템을 활용한 청각 기능

이번 예제에서 2가지 실체(사운드 에미터와 사운드 리시버)를 개발해 청각 감각을 흉내낼 것이다. 청각 시스템 시뮬레이션을 위해 밀링톤이 제안한 원리에 근거한다. 이를 에미터 근처 리시버를 탐지하는 유니티 콜라이더에 활용한다.

준비 사항

콜라이더 기반의 다른 예제와 마찬가지로, 확인할 모든 객체에 콜라이더 컴포넌트가 부착돼야 한다. 그리고 에미너emitter와 리시버receiver 모두 강체rigid body 컴포넌트가 부착돼야 한다.

예제 구현

1. 사운드 리시버 객체를 위한 클래스를 만든다.

```
using UnityEngine;
using System.Collections;

public class SoundReceiver : MonoBehaviour
{
    public float soundThreshold;
}
```

2. 사운드 수신 시 처리해야 할 행위를 정의할 함수를 만든다.

```
public virtual void Receive(float intensity, Vector3 position)
{
    // 할 일
    // 특정 행위는 여기에 구현
}
```

3. 이제 사운드 에미터 객체를 위한 클래스를 제작한다.

```
using UnityEngine;
using System.Collections;
using System.Collections.Generic;

public class SoundEmitter : MonoBehaviour
{
    public float soundIntensity;
    public float soundAttenuation;
    public GameObject emitterObject;
    private Dictionary<int, SoundReceiver> receiverDic;
}
```

4. 컴포넌트가 직접 붙어있는 경우를 위한 근처 리시버들의 리스트와 에미터 객체를 초기화한다.

```
void Start()
{
    receiverDic = new Dictionary<int, SoundReceiver>();
    if (emitterObject == null)
        emitterObject = gameObject;
}
```

5. 리시버가 에미터의 송신 반경에 들어왔을 경우, 새로운 리시버들을 리스트에 추가하기 위한 함수를 구현한다.

```
public void OnTriggerEnter(Collider coll)
{
    SoundReceiver receiver;
    receiver = coll.gameObject.GetComponent<SoundReceiver>();
    if (receiver == null)
        return;
    int objId = coll.gameObject.GetInstanceID();
 receiverDic.Add(objId, receiver);
```

```
}
```

6. 리시버가 에미터의 송신 반경에서 벗어났을 경우, 리스트에서 리시버를 제거
할 함수를 구현한다.

```
public void OnTriggerExit(Collider coll)
{
    SoundReceiver receiver;
    receiver = coll.gameObject.GetComponent<SoundReceiver>();
    if (receiver == null)
        return;
    int objId = coll.gameObject.GetInstanceID();
    receiverDic.Remove(objId);
}
```

7. 에이전트 근방으로 음파를 방출하는 함수를 정의한다.

```
public void Emit()
{
    GameObject srObj;
    Vector3 srPos;
    float intensity;
    float distance;
    Vector3 emitterPos = emitterObject.transform.position;
// 다음 단계는 여기
}
```

8. 모든 리시버에 대한 소리 감쇠를 계산한다.

```
foreach (SoundReceiver sr in receiverDic.Values)
{
    srObj = sr.gameObject;
    srPos = srObj.transform.position;
    distance = Vector3.Distance(srPos, emitterPos);
    intensity = soundIntensity;
    intensity -= soundAttenuation * distance;
```

```
        if (intensity < sr.soundThreshold)
            continue;
        sr.Receive(intensity, emitterPos);
    }
```

예제 분석

다음 그림은 사운드 에뮬레이션 시스템에서 콜라이더가 어떻게 동작하는지 보여준다.

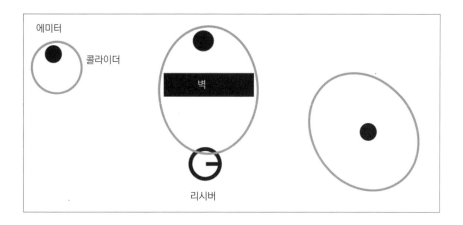

콜라이더 트리거는 에미터로 할당된 에이전트의 리스트에 에이전트를 등록하는 데 도움을 준다. 그 이후 음파 발산 함수는 소리 감쇠 콘셉트를 활용해 그 세기를 감소시키기 위해 에미터로부터 에이전트까지의 거리를 고려한다.

참고 자료

소리의 세기에 영향을 미치는 각기 다른 종류의 장애물을 정의함으로써 더 유연한 알고리즘을 개발할 수 있다. 레이를 발사하고, 소리 감쇠값을 더함으로써 동작한다.

1. 문자열(태그로 사용)을 사용한 장애물 종류와 대응하는 소리 감쇠값을 저장하는 사전형 변수를 만든다.

```
public Dictionary<string, float> wallTypes;
```

2. 이러한 방법으로 소리 크기를 감소시킨다.

```
intensity -= GetWallAttenuation(emitterPos, srPos);
```

3. 이전 단계에서 호출한 함수를 정의한다.

```
public float GetWallAttenuation(Vector3 emitterPos, Vector3 receiverPos)
{
// 다음 단계는 여기에서
}
```

4. 레이 발사를 위해 필요한 값들을 계산한다.

```
float attenuation = 0f;
Vector3 direction = receiverPos - emitterPos;
float distance = direction.magnitude;
direction.Normalize();
```

5. 레이를 발사하고, 히트한 것들을 가져온다.

```
Ray ray = new Ray(emitterPos, direction);
RaycastHit[] hits = Physics.RaycastAll(ray, distance);
```

6. 태그를 통해 확인한 모든 장애물로 감쇠값을 더한다(사전형 데이터에 저장돼 있음).

```
 int i;
```

```
for (i = 0; i < hits.Length; i++)
{
    GameObject obj;
    string tag;
    obj = hits[i].collider.gameObject;
    tag = obj.tag;
    if (wallTypes.ContainsKey(tag))
    attenuation += wallTypes[tag];
}
return attenuation;
```

▌콜라이더 기반 시스템을 활용한 후각 기능

현실에 존재하는 감각 중 가상 세계로 옮길 때 가장 차이를 보이는 것은 후각이다. 여러 가지 방법이 있지만 주로 콜라이더나 그래프 로직을 사용한다.

후각은 게임 레벨을 통틀어 흩어져 있는 냄새 입자^{particle}와 에이전트 사이의 충돌을 계산하는 것으로 흉내 낼 수 있다.

준비 사항

콜라이더 기반의 다른 예제와 마찬가지로 확인해야 할 모든 객체에 콜라이더 컴포넌트를 붙여야 한다. 그리고 에미터와 리서버들 모두 강체 컴포넌트를 부착해야 한다.

예제 구현

냄새 입자를 표현하고 냄새를 맡을 수 있는 에이전트를 표현하는 스크립트를 개발할 것이다.

1. 입자 스크립트를 만들고, 그것의 생명 주기를 계산하기 위한 멤버 변수들을 정의한다.

```
using UnityEngine;
using System.Collections;

public class OdourParticle : MonoBehaviour
{
    public float timespan;
    private float timer;
}
```

2. 검증을 위한 Start 함수를 구현한다.

```
void Start()
{
    if (timespan < 0f)
        timespan = 0f;
    timer = timespan;
}
```

3. 타이머를 구현하고, 생명주기가 끝나면 객체를 제거한다.

```
void Update()
{
    timer -= Time.deltaTime;
    if (timer < 0f)
        Destroy(gameObject);
}
```

4. 냄새 탐지 에이전트 표현을 위한 클래스를 만든다.

```
using UnityEngine;
using System.Collections;
using System.Collections.Generic;
```

```
public class Smeller : MonoBehaviour
{
    private Vector3 target;
    private Dictionary<int, GameObject> particles;
}
```

5. 냄새 입자를 저장하는 사전형 변수를 초기화한다.

```
void Start()
{
    particles = new Dictionary<int, GameObject>();
}
```

6. 사전형 입자에 냄새 입자 컴포넌트가 부착돼 있는 충돌 객체들을 추가한다.

```
public void OnTriggerEnter(Collider coll)
{
    GameObject obj = coll.gameObject;
    OdourParticle op;
    op = obj.GetComponent<OdourParticle>();
    if (op == null)
        return;
    int objId = obj.GetInstanceID();
    particles.Add(objId, obj);
    UpdateTarget();
}
```

7. 냄새 입자가 에이전트의 범위를 벗어나거나 파괴된 경우 사전형 지역 변수로부터 냄새 입자들을 제거한다.

```
public void OnTriggerExit(Collider coll)
{
    GameObject obj = coll.gameObject;
    int objId = obj.GetInstanceID();
    bool isRemoved;
```

```
        isRemoved = particles.Remove(objId);
        if (!isRemoved)
            return;
        UpdateTarget();
    }
```

8. 사전형 변수에 존재하는 현재 요소들에 의해 냄새의 중심을 계산하기 위한 함수를 만든다.

```
private void UpdateTarget()
{
    Vector3 centroid = Vector3.zero;
    foreach (GameObject p in particles.Values)
    {
        Vector3 pos = p.transform.position;
        centroid += pos;
    }
    target = centroid;
}
```

9. 냄새의 중심이 존재한다면 중심을 구하는 함수를 구현한다.

```
public Vector3? GetTargetPosition()
{
    if (particles.Keys.Count == 0)
        return null;
    return target;
}
```

예제 분석

다음 그림은 후각 시스템이 어떻게 동작하는지 보여준다.

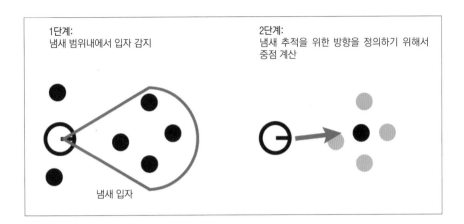

1단계:
냄새 범위내에서 입자 감지

2단계:
냄새 추적을 위한 방향을 정의하기 위해서
중점 계산

냄새 입자

콜라이더 기반의 청각 예제와 마찬가지로 에이전트가 인지하는 냄새 입자들을 등록하기(사전형 변수를 이용해 구현함) 위해 트리거 콜라이더를 사용했다. 입자가 추가되거나 제거될 때, 냄새의 중심을 계산했다. 중심을 가져오는 함수를 따로 구현했는데, 이유는 아무런 냄새 입자가 등록돼 있지 않은 경우, 내부 중심 위치는 변하지 않기 때문이다.

참고 자료

게임의 필요에 의해 구현돼야 할 입자를 뿌리는 로직은 남겨 뒀다. 로직은 기본적으로 냄새 입자 프리펩들을 인스턴스화하는 것이다. 또한 에이전트에 강체 컴포넌트를 붙이는 것을 추천한다. 냄새 입자를 대량으로 인스턴스화하는 경향이 있는데 이는 게임의 퍼포먼스를 저해한다.

▌ 그래프 기반 시스템을 활용한 시각 기능

감각을 흉내내는 그래프 기반 로직을 활용하는 예제들을 살펴 볼 것이다. 다시금 시야 감각을 개발하면서 시작한다.

준비 사항

그래프 기반의 예제들의 내부 동작을 이해하기 위해서는 2장의 경로 탐색 내용을 이해해야 한다.

예제 구현

1. 시야를 다루는 클래스를 제작한다.

```
using UnityEngine;
using System.Collections;
using System.Collections.Generic;

public class VisorGraph : MonoBehaviour
{
    public int visionReach;
    public GameObject visorObj;
    public Graph visionGraph;
}
```

2. 바이저^{visor} 객체에 컴포넌트가 부착돼 있는지 확인한다.

```
void Start()
{
    if (visorObj == null)
        visorObj = gameObject;
}
```

3. 주어진 노드들의 집합이 보이는지 감지하기 위한 함수를 정의하고 작성한다.

```
public bool IsVisible(int[] visibilityNodes)
{
    int vision = visionReach;
    int src = visionGraph.GetNearestVertex(visorObj);
    HashSet<int> visibleNodes = new HashSet<int>();
```

```
    Queue<int> queue = new Queue<int>();
    queue.Enqueue(src);
}
```

4. 너비 우선 탐색 알고리즘(BFS)을 구현한다.

```
while (queue.Count != 0)
{
    if (vision == 0)
        break;
    int v = queue.Dequeue();
    List<int> neighbours = visionGraph.GetNeighbours(v);
    foreach (int n in neighbours)
    {
      if (visibleNodes.Contains(n))
            continue;
        queue.Enqueue(v);
        visibleNodes.Add(v);
    }
}
```

5. 비전 시스템에 도달하는 노드들의 집합과 보이는 노드들의 집합을 비교한다.

```
foreach (int vn in visibleNodes)
{
    if (visibleNodes.Contains(vn))
        return true;
}
```

6. 두 집합 사이에 공통점이 없는 경우 false를 반환한다.

```
return false;
```

예제 분석

이 예제는 시야가 도달하는 노드를 발견하기 위해 너비 우선 탐색 알고리즘을 사용했다. 그 이후 에이전트가 있는 노드들의 집합과 비교했다.

알고리즘이 사용할 입력 배열은 알고리즘이 사용하는 입력 배열을 미리 계산한다. 이에 대한 내용은 예제의 범위를 벗어난다. 왜냐하면 명시적으로 확인해야 하는 각 에이전트 혹은 오브젝트의 위치 지정에 의존하기 때문이다.

▌그래프 기반 시스템을 활용한 청각 기능

청각은 시야와 비슷하게 작동하지만, 소리의 특성상 직접적으로 보이는지에 대한 고려는 하지 않는다. 예제를 동작하기 위해서는 소리 리시버가 필요하다. 이 예제에서는 에이전트를 직접적인 소리 리시버로 만드는 대신에 소리는 소리 그래프를 통해 떠돌고, 그래프 노드들에 의해 감지된다.

준비 사항

그래프 기반 예제들의 내부 동작을 이해하기 위해서는 경로 탐색 관련 2장, 3장, 4장을 이해하는 것이 중요하다.

예제 구현

1. 에미터 클래스를 만든다.

```
using UnityEngine;
using System.Collections;
using System.Collections.Generic;
```

```
public class EmitterGraph : MonoBehaviour
{
    // 다음 단계
}
```

2. 멤버 변수들을 선언한다.

```
public int soundIntensity;
public Graph soundGraph;
 public GameObject emitterObj;
```

3. 에미터 객체의 참조 유효성 검사를 구현한다.

```
public void Start()
{
    if (emitterObj == null)
        emitterObj = gameObject;
}
```

4. 소리를 발산하는 함수를 정의한다.

```
public int[] Emit()
{
// 다음 단계
}
```

5. 필요한 변수들을 선언하고 할당한다.

```
List<int> nodeIds = new List<int>();
Queue<int> queue = new Queue<int>();
List<int> neighbours;
int intensity = soundIntensity;
int src = soundGraph.GetNearestVertex(emitterObj);
int size = soundGraph.GetSize();
```

```
bool[] visited = new bool[size];
```

6. 원천 노드를 도달한 노드들의 리스트와 큐에 추가한다.

```
nodeIds.Add(src);
queue.Enqueue(src);
```

7. 노드들에 도달하기 위한 너비 우선 탐색 루프를 코딩한다.

```
while (queue.Count != 0)
{
  // 다음 단계
}
return nodeIds.ToArray();
```

8. 소리의 세기가 의미 없을 경우 루프를 종료한다.

```
if (intensity == 0)
    break;
```

9. 큐에서 노드를 꺼내고, 그것의 이웃들을 얻는다.

```
int v = queue.Dequeue();
neighbours = soundGraph.GetNeighbours(v);
```

10. 이웃들을 확인하고 필요한 경우 큐에 추가한다.

```
foreach (int n in neighbours)
{
    if (visited[n])
        continue;
    queue.Enqueue(n);
    nodeIds.Add(n);
}
```

11. 사운드 세기를 감소시킨다.

```
intensity--;
```

예제 분석

이 예제는 너비 우선 탐색 알고리즘을 사용해 소리의 세기를 고려해 소리에 영향 받는 노드 리스트를 반환한다. 이 알고리즘은 더 이상 방문할 노드가 없거나, 그래프 탐색에 따라 소리가 희미해질 때 종료된다.

부연 설명

콜라이더 로직과 그래프 로직을 활용한 후각 구현법을 배운 다음에는 거리를 입력으로 받는 휴리스틱 기반 하이브리드 알고리즘을 개발할 수 있다. 노드가 소리의 최대 거리를 초과하면, 이웃을 큐에 추가할 필요가 없게 된다.

참고 자료

다음의 2장, '내비게이션'의 예제를 참고하라.

* 너비 우선 탐색 알고리즘
* A* 알고리즘(인자로 휴리스틱 함수를 취하는)

▌ 그래프 기반 시스템을 활용한 후각 기능

이 예제에서는 정점을 태깅하는 방식과 주어진 냄새 입자와 정점을 충돌시키는 방식을 혼합할 것이다.

준비 사항

정점들은 넓은 콜라이더가 부착돼 있어서 근처 냄새 입자를 잡을 수 있어야 한다.

예제 구현

1. 다음과 같이 냄새 입자 스크립트에 부모 아이디를 저장하는 멤버 변수를 추가한다.

```
public int parent;
```

2. 원래 vertex 클래스를 상속 받는 새로운 냄새 활성 클래스를 만든다.

```
using UnityEngine;
using System.Collections;
using System.Collections.Generic;

public class VertexOdour : Vertex
{
    private Dictionary<int, OdourParticle> odourDic;
}
```

3. 적합한 함수 안에 냄새 관련 사전형 변수를 초기화한다.

```
public void Start()
{
    odourDic = new Dictionary<int, OdourParticle>();
}
```

4. 정점의 사전형 변수에 냄새를 추가한다.

```
public void OnCollisionEnter(Collision coll)
{
```

```
    OdourParticle op;
    op = coll.gameObject.GetComponent<OdourParticle>();
    if (op == null)
        return;
    int id = op.parent;
    odourDic.Add(id, op);
}
```

5. 정점의 사전형 변수에 냄새를 제거한다.

```
public void OnCollisionExit(Collision coll)
{
    OdourParticle op;
    op = coll.gameObject.GetComponent<OdourParticle>();
    if (op == null)
        return;
    int id = op.parent;
    odourDic.Remove(id);
}
```

6. 어떠한 냄새가 표시돼 있는지 확인하는 함수를 구현한다.

```
public bool HasOdour()
{
    if (odourDic.Values.Count == 0)
        return false;
    return true;
}
```

7. 주어진 냄새의 종류가 정점에 존재하는지 확인하는 함수를 구현한다.

```
public bool OdourExists(int id)
{
    return odourDic.ContainsKey(id);
}
```

```
    }
```

예제 분석

냄새 입자는 정점들과 충돌하며 정점들은 냄새 사전형 변수에 색인화돼 있다. 그 시점부터 해당 냄새 근방에 에이전트들이 존재하는지 확인할 수 있다.

참고 자료

- 2장의 경로 탐색의 BFS와 그래프 구축 예제

▍ 스텔스 게임의 인지 제작하기

이제 감각 레벨의 알고리즘을 구현하는 방법을 알았으니 감각 레벨의 알고리즘들이 에이전트의 지각 능력을 갖게 하는 높은 수준의 기술을 개발하기 위해 어떻게 적용됐는지 확인할 수 있다.

이 예제는 브룩 마일즈Brook Miles와 클레이Klei 엔터테인먼트 소속인 그의 팀이 개발한 게임, 〈마크 오브 더 닌자〉 기반으로 제작됐다. 에이전트가 볼 수 있거나 들을 수 있는 그리고 감각 매니저가 다루는 흥미로운 단서들을 살펴보는 메커니즘이다.

준비 사항

많은 단서들이 존재함에 따라 단서 관련 감각의 종류 및 우선순위를 정의하고, 단서 그 자체의 데이터 구조체를 정의할 것이다.

다음은 감각을 표현하기 위한 데이터 구조체다.

```
public enum InterestSense
{
    SOUND,
    SIGHT
};
```

다음은 우선순위를 위한 데이터 구조체다.

```
public enum InterestPriority
{
    LOWEST = 0,
    BROKEN = 1,
    MISSING = 2,
    SUSPECT = 4,
    SMOKE = 4,
    BOX = 5,
    DISTRACTIONFLARE = 10,
    TERROR = 20
};
```

다음은 단서에 대한 데이터 타입이다.

```
using UnityEngine;
using System.Collections;

public struct Interest
{
    public InterestSense sense;
    public InterestPriority priority;
    public Vector3 position;
}
```

이 생각을 구현하기 위해 필요한 클래스를 개발하기 전에, 예제의 유연성과 커스텀 구현을 위해 감각 레벨 함수들은 공란으로 비워뒀음을 확인해라. 이러한 구현들은 이전에 배운 예제들의 일부를 사용해 개발할 수 있다.

예제 구현

긴 예제가 될 것이다. 여기에서 두 가지 광대한 클래스를 구현할 것이다. 단계를 따라 주의 깊게 읽으면 좋다.

1. 에이전트를 정의하는 클래스 및 에이전트를 정의하는 멤버 변수들을 만들면서 시작해보자.

```
using UnityEngine;
using System.Collections;
using System.Collections.Generic;

public class AgentAwared : MonoBehaviour
{
    protected Interest interest;
    protected bool isUpdated = false;
}
```

2. 주어진 단서가 연관성이 있는지 체크하는 함수를 정의한다.

```
public bool IsRelevant(Interest i)
{
    int oldValue = (int)interest.priority;
    int newValue = (int)i.priority;
    if (newValue <= oldValue)
        return false;
    return true;
}
```

3. 에이전트에 새로운 단어를 설정하는 함수를 구현한다.

```
public void Notice(Interest i)
{
    StopCoroutine(Investigate());
```

```
    interest = i;
    StartCoroutine(Investigate());
}
```

4. 조사를 위한 커스텀 함수를 정의한다. 이는 자신이 구현한 내용을 포함하며 에이전트의 관심사와 관련이 있다.

```
public virtual IEnumerator Investigate()
{
    // 할 일
    // 자신만의 구현을 이곳에
    yield break;
}
```

5. 리드를 위한 커스텀 함수를 정의한다. 에이전트가 무엇을 할 것인지, 정해진 순서를 언제 할 것인지 정의한다. 이것은 자신이 어떻게 구현하는지에 따라 달라진다.

```
public virtual IEnumerator Lead()
{
    // 할 일
    // 자신만의 구현을 이곳에
    yield break;
}
```

6. 단서 원천interest sources을 정의하는 클래스를 만든다.

```
public class InterestSource : MonoBehaviour
{
    public InterestSense sense;
    public float radius;
    public InterestPriority priority;
    public bool active;
}
```

7. 단서 값을 가져오는 프로퍼티를 구현한다.

```
public Interest interest
{
    get
    {
        Interest i;
        i.position = transform.position;
        i.priority = priority;
        i.sense = sense;
        return i;
    }
}
```

8. 에이전트가 단서 원천에 영향을 받는지 확인하는 함수를 정의한다. 에이전트 클래스에 정의될 수도 있지만, 이러한 경우 여러 단계의 코드 변화가 필요하다. 이 함수는 감각 레벨 함수 중 하나다.

```
protected bool IsAffectedSight(AgentAwared agent)
{
    // 할 일


    // 시야 확인 구현
    return false;
}
```

9. 에이전트가 소리에 영향을 받는지 확인하는 감각 수준 함수를 구현한다. 이전 단계처럼 구조적인 고려사항이 존재한다.

```
protected bool IsAffectedSound(AgentAwared agent)
{
    // 할 일
    // 소리 확인 구현
    return false;
}
```

10. 단서 원천에 의해 영향 받는 에이전트들의 리스트를 얻는 함수를 정의한다. 가상 함수로 선언하는데, 추후에 변경할 것을 염두에 둔 것이다.

```
public virtual List<AgentAwared> GetAffected(AgentAwared[] agentList)
{
    List<AgentAwared> affected;
    affected = new List<AgentAwared>();
    Vector3 interPos = transform.position;
    Vector3 agentPos;
    float distance;
// 다음 단계
}
```

11. 에이전트의 리스트를 순회하고, 영향을 받는 것들의 리스트를 반환하기 위한 메인 루프를 만들기 시작한다.

```
foreach (AgentAwared agent in agentList)
 {
// 다음 단계
 }
return affected;
```

12. 단서 원천의 행위 반경에 벗어난 에이전트를 구분한다.

```
agentPos = agent.transform.position;
distance = Vector3.Distance(interPos, agentPos);
if (distance > radius)
    continue;
```

13. 주어진 원천의 감각의 종류에 따라 에이전트가 영향을 받는지 확인한다.

```
bool isAffected = false;
switch (sense)
 {
    case InterestSense.SIGHT:
```

```
                isAffected = IsAffectedSight(agent);
                    break;
            case InterestSense.SOUND:
                isAffected = IsAffectedSound(agent);
                    break;
        }
```

14. 에이전트가 영향을 받는다면, 리스트에 넣는다.

```
if (!isAffected)
    continue;
affected.Add(agent);
```

15. 감각 매니저를 위한 클래스를 만든다.

```
using UnityEngine;
using System.Collections;
using System.Collections.Generic;

public class SensoryManager : MonoBehaviour
{
    public List<AgentAwared> agents;
    public List<InterestSource> sources;
}
```

16. Awake 함수를 구현한다.

```
public void Awake()
{
    agents = new List<AgentAwared>();
    sources = new List<InterestSource>();
}
```

17. 에이전트의 그룹을 가지고, 스카우트scouts 집합을 얻는 함수를 선언한다.

```
public List<AgentAwared> GetScouts(AgentAwared[] agents, int leader = -1)
{
// 다음 단계
}
```

18. 에이전트의 개수를 검증하고 목록을 반환한다.

```
if (agents.Length == 0)
    return new List<AgentAwared>();
if (agents.Length == 1)
    return new List<AgentAwared>(agents);
```

19. 인덱스가 주어졌을 경우 리더를 제거한다.

```
List<AgentAwared> agentList;
agentList = new List<AgentAwared>(agents);
if (leader > -1)
    agentList.RemoveAt(leader);
```

20. 스카우트들의 숫자를 얻기 위해 계산한다.

```
List<AgentAwared> scouts;
scouts = new List<AgentAwared>();
float numAgents = (float)agents.Length;
int numScouts = (int)Mathf.Log(numAgents, 2f);
```

21. 에이전트들의 리스트에서 임의의 스카우트들을 얻는다.

```
while (numScouts != 0)
{
    int numA = agentList.Count;
    int r = Random.Range(0, numA);
    AgentAwared a = agentList[r];
    scouts.Add(a);
    agentList.RemoveAt(r);
```

```
        numScouts--;
    }
```

22. 스카우트들을 반환한다.

```
return scouts;
```

23. 딘시 원친들의 리스트를 확인하는 함수를 정의한다.

```
public void UpdateLoop()
{
    List<AgentAwared> affected;
    AgentAwared leader;
    List<AgentAwared> scouts;
    foreach (InterestSource source in sources)
    {
// 다음 단계
        }
}
```

24. 비활성화된 원천은 피한다.

```
if (!source.active)
    continue;
source.active = false;
```

25. 어떠한 에이전트에게도 영향을 미치지 못하는 원천 역시 피한다.

```
affected = source.GetAffected(agents.ToArray());
if (affected.Count == 0)
    continue;
```

26. 임의의 리더와 스카우트들의 집합을 얻는다.

```
int l = Random.Range(0, affected.Count);
leader = affected[l];
scouts = GetScouts(affected.ToArray(), l);
```

27. 필요하면 리더의 역할을 호출한다.

```
if (leader.Equals(scouts[0]))
    StartCoroutine(leader.Lead());
```

28. 마지막으로, 스카우트들과 관련이 있을 경우 스카우트들에게 단서를 확인했음을 알린다.

```
foreach (AgentAwared a in scouts)
{
        Interest i = source.interest;
        if (a.IsRelevant(i))
                a.Notice(i);
}
```

예제 분석

월드에 여러 에이전트들이 관심을 가질 수 있는 단서 원천의 리스트가 있다. 이러한 리스트들은 매 원천sources마다 광역global 갱신update를 다루는 매니저들이 가지고 있다. 모든 원천은 활성화 상태일 경우에만 고려된다.

단서 원천은 월드 속 에이전트의 리스트를 받고, 다음의 두 단계 프로세스 이후 영향을 받는 에이전트들만을 검색한다. 먼저, 행위 범위 바깥에 있는 모든 에이전트들을 따로 빼놓고, 오직 정교한(그리고 더 비싼) 감각 레벨 메커니즘에 도달할 수 있는 에이전트만 고려한다.

마지막으로 매니저는 영향을 받는 에이전트들을 다루고, 리더와 스카우트들을 준비한다. 모두의 관련 관심사를 알게 해준다.

부연 설명

SensoryManager 클래스가 에이전트들의 리스트와 단서 원천들의 리스트를 저장하고 조직하는 허브로서 동작하는 것을 언급할 만한 가치가 있다. 따라서, 이는 싱글톤으로 구성돼야만 한다. 이의 중복은 원치 않는 복잡성이나 원치 않는 행위를 유발할 수 있다.

우선순위 값을 통한 감각 매니저에 의해 에이전트의 흥미는 자동으로 변한다. 하지만, 공개 함수 Notice를 사용해 필요할 때 리셋을 할 수 있다.

게임에 따라 여전히 향상시킬 여지가 있다. 스카우트 리스트들은 서로 중복이 가능하며, 우리가 할 수 있는 최상의 시나리오를 다루는 것은 개발자와 게임에 달려있다. 하지만 만드는 시스템은 결정을 위해 우선순위 값의 장점을 갖는다.

참고 자료

이 예제의 자세한 정보는 스티브 라빈Steve Rabin의 저서 『Game AI Pro』를 참고하라.

07

보드게임과 응용 탐색 AI

7장에서는 보드게임 AI 개발을 위한 알고리즘군에 대해 배울 것이다.

- 게임트리game-tree 클래스 활용

- 최소최대Minimax 구현

- 역최대Negamaxing 구현

- AB 역최대 구현

- 역스카우팅Negascouting 구현

- 틱택토 인공지능 상대 구현

- 체커 인공지능 상대 구현

- UCB1 알고리즘을 활용한 가위바위보 AI 구현

- 리그렛 매칭Regret matching 구현

소개

7장에서 인공지능을 만드는 보드게임 기술 개발을 위한 알고리즘군에 대해 배울 것이다. 상태를 평가하고 이웃 방문을 결정하는 게임 트리(그래프) 원리를 사용한다. 알고리즘들은 2인용 보드게임을 기반으로 작성되지만 조금만 노력하면 알고리즘 중 일부는 2인용 이상으로 확장할 수 있다.

게임트리 클래스 활용

게임 상태를 표현하는 여러 다른 방법들이 존재한다. 여러 다른 환경들에서 고수준 보드게임 AI 알고리즘을 사용하기 위해 어떻게 확장 가능한 클래스를 만드는지 배울 것이다.

준비 사항

객체지향 프로그래밍, 특히 상속과 다형성에 대해 이해하고 있어야 한다. 많은 보드게임의 결정decision에 적용할 수 있는 제네릭 함수generic function를 만들고 해당 함수를 상속받아 특정 영역으로 더 확장하는 서브 클래스를 작성할 것이다.

예제 구현

다음 단계를 진행하면서 게임 트리game-tree를 표현하기 위한 두 종류의 클래스를 만들 것이다.

1. Move라는 추상 클래스를 만든다.

```
using UnityEngine;
using System.Collections;
```

```
public abstract class Move
{

}
```

2. 보드라는 의사 추상 클래스를 만든다.

```
using UnityEngine;
using System.Collections;

public class Board
{
    protected int player;
  // 다음 단계는 여기에서
}
```

3. 생성자를 정의한다.

```
public Board()
{
    player = 1;
}
```

4. 다음 움직임을 구하는 가상 함수를 구현한다.

```
public virtual Move[] GetMoves()
{
    return new Move[0];
}
```

5. 보드게임에서 움직임을 일으키는 가상 함수를 구현한다.

```
public virtual Board MakeMove(Move m)
{
    return new Board();
```

```
}
```

6. 게임이 끝났는지 시험해보는 가상 함수를 정의한다.

```
public virtual bool IsGameOver()
{
    return true;
}
```

7. 현재 플레이어를 구하는 가상 함수를 구현한다.

```
public virtual int GetCurrentPlayer()
{
    return player;
}
```

8. 주어진 플레이어 값을 통해, 현재 게임의 가치를 시험하는 가상 함수를 구현한다.

```
public virtual float Evaluate(int player)
{
    return Mathf.NegativeInfinity;
}
```

9. 현재 게임에서 현재 플레이어의 가치를 시험하는 가상 함수를 구현한다.

```
// 역최대 계산을 위한 신규 함수
public virtual float Evaluate()
{
    return Mathf.NegativeInfinity;
}
```

예제 분석

다음 알고리즘들을 구현하기 위한 시발점을 만들었다. Board 클래스는 현재 게임의 상태를 표현하기 위해 노드처럼 작동한다. 그리고 Move 클래스는 모서리edge를 표현한다. GetMove 함수가 호출될 때, 현재 게임 상태의 이웃에 접근하는 모서리를 구하는 함수를 설계했다.

참고 자료

7장의 기술 내용에 대한 이론적 고찰은 러셀Russel과 노빅Norvig의 저서 『Artifical Intelligence: a Modern Approch』의 적대적 검색adversarial search 부분과 이안 밀링턴Ian Millington의 저서 『Artifical Intelligence for Games』의 보드게임 부분을 참고하기 바란다.

▌ 최소최대 구현

최소최대Minimax 알고리즘은 가장 나쁜 경우(손실이 최대) 손실을 최소화하는 결정에 기반한다. 최소최대는 게임 개발 및 게임 이론에서만 쓰이는게 아니라 통계, 결정 이론 그리고 철학에서도 사용되는 결정법이다.

최소최대는 원래 한 플레이어가 이익을 보면 반대쪽은 손실을 보는 2인용 제로섬 게임 이론을 위해 고안됐다. 하지만 이 경우는, 충분히 유연하게 2인 이상의 플레이어에서도 적용할 수 있다.

준비 사항

재귀뿐만 아니라 동적 멤버 변수와 정적 멤버 변수의 차이를 알아야 한다. 동적 멤버 함수는 클래스의 인스턴스에 결속되는 반면, 정적 멤버 함수는 클래스 그 자체에 결속 된다. 정적 메서드는 객체를 인스턴스화할 필요 없이 호출할 수 있다. 이는 이 예제에 서 사용되는 범용 알고리즘에 걸맞는 성질이다.

재귀의 경우, 일반 상황 현 단계에서 끝나서, 이전 단계로 돌아가는 상황(종료 조건이라 고도 함)과 재귀 상황 한 단계 더 들어가는 상황이 필요한 반복적인 프로세스라는 것은 반복iteration과는 달리 항상 명확하지는 않다.

예제 구현

다음과 같이 모든 주요 알고리즘을 다루는 기본 클래스를 만들고, Minimax 함수를 구 현할 것이다.

1. BoardAI 클래스를 생성한다.

```
using UnityEngine;
using System.Collections;

public class BoardAI
{

}
```

2. Minimax 함수를 선언한다.

```
public static float Minimax(
        Board board,
        int player,
        int maxDepth,
        int currentDepth,
        ref Move bestMove)
{
// 다음 단계는 여기
}
```

3. 기본적인 경우를 고려한다.

```
if (board.IsGameOver() || currentDepth == maxDepth)
    return board.Evaluate(player);
```

4. 플레이어에 따른 초깃값을 설정한다.

```
bestMove = null;
float bestScore = Mathf.Infinity;
if (board.GetCurrentPlayer() == player)
    bestScore = Mathf.NegativeInfinity;
```

5. 가능한 모든 움직임을 돌고, 최고 점수를 반환한다.

```
foreach (Move m in board.GetMoves())
{
    // 다음 단계는 여기에서
}
        return bestScore;
```

6. 현재의 움직임으로부터 새 게임 상태를 만든다.

```
Board b = board.MakeMove(m);
float currentScore;
Move currentMove = null;
```

7. 재귀를 시작한다.

```
currentScore = Minimax(b, player, maxDepth, currentDepth + 1, ref currentMove);
```

8. 현재 플레이를 위한 점수를 검증한다.

```
if (board.GetCurrentPlayer() == player)
```

```
{
    if (currentScore > bestScore)
    {
        bestScore = currentScore;
        bestMove = currentMove;
    }
}
```

9. 비관적인 점수를 검증한다.

```
else
{
    if (currentScore < bestScore)
    {
        bestScore = currentScore;
        bestMove = currentMove;
    }
}
```

예제 분석

이 알고리즘은 제한된 깊이 우선 탐색[DFS]으로 동작한다. 단말(잎) 노드에 도달할 때까지 각 단계에서 플레이어의 점수를 최대화하는 쪽으로, 반대쪽은 플레이어의 점수를 최소화하는 쪽으로 선택할 것이라는 가정으로 움직임을 선택한다.

움직임 추적은 재귀를 사용하고, 선택하거나 추정하는 휴리스틱은 Evaluate 함수에서 수행된다.

참고 자료

더 자세한 정보는 다음 자료를 참고하길 바란다.

- 7장의 게임 트리 클래스 동작 예제

▌ 역최대 구현

오직 두 플레이어만 참여하는 제로섬 게임일 때, 한 플레이어의 손실은 다른 플레이어의 이득이라는 원칙의 장점을 취해 최소최대를 향상시킬 수 있다. 이러한 방법으로 최소최대 알고리즘과 동일한 결과를 얻을 수 있다. 하지만 이 알고리즘은 움직임을 추적할 수가 없다. 역최대^{Negamaxing}는 최소최대를 개선한 것이다.

준비 사항

재귀뿐만 아니라 동적 멤버 변수와 정적 멤버 변수의 차이를 알아야 한다. 동적 멤버 함수는 클래스의 인스턴스에 결속되는 반면, 정적 멤버 함수는 클래스 그 자체에 결속된다. 정적 메서드는 객체를 인스턴스화할 필요 없이 호출할 수 있다. 이는 이 예제에서 사용되는 범용 알고리즘에 걸맞는 성질이다.

재귀의 경우, 일반 상황(종료 조건이라고도 함)과 재귀 상황이 필요한 반복적인 프로세스라는 것은 반복^{iteration}과는 달리 항상 명확하지는(반복과 함께 변함) 않다.

예제 구현

다음과 같이 BoardAI 클래스에 새 함수를 추가한다.

1. Negamax 함수를 만든다.

```
public static float Negamax(
     Board board,
     int maxDepth,
     int currentDepth,
     ref Move bestMove)
{
// 다음 단계는 여기
}
```

2. 기본 경우의 수에 대해 검사한다.

```
if (board.IsGameOver() || currentDepth == maxDepth)
    return board.Evaluate();
```

3. 초깃값들을 설정한다.

```
bestMove = null;
float bestScore = Mathf.NegativeInfinity;
```

4. 가능한 모든 움직임을 돌고, 최대 점수를 반환한다.

```
foreach (Move m in board.GetMoves())
{
    // 다음 단계는 여기
}
return bestScore;
```

5. 현재 상태로부터 새로운 게임 상태를 만든다.

```
Board b = board.MakeMove(m);
float recursedScore;
Move currentMove = null;
```

6. 재귀를 시작한다.

```
recursedScore = Negamax(b, maxDepth, currentDepth + 1, ref currentMove);
float currentScore = -recursedScore;
```

7. 현재 점수를 설정하고 필요한 경우 최대 점수와 움직임을 갱신한다.

```
if (currentScore > bestScore)
{
```

```
        bestScore = currentScore;
        bestMove = m;
    }
```

예제 분석

알고리즘의 기본 동작은 동일하지만 몇 가지를 개선했다. 재귀 과정에서 이전으로 돌아가는 단계마다 이전 단계의 점수의 부호를 반대로 바꿨다(-1을 곱했다). 알고리즘은 가장 좋은 선택을 하는 대신에 누구의 차례인지 추적하는 절차를 제거하고 점수의 부호를 바꿨다.

부연 설명

역최대는 플레이어들의 각 단계들을 보는 관점을 변경함으로써, 평가 함수의 파라미터 하나를 줄였다.

참고 자료

더 자세한 설명은 다음 자료를 참고하길 바란다.

- 7장의 게임 트리 클래스 동작 예제
- 7장의 최소최대 구현 예제

▍ AB 역최대 구현

역최대 알고리즘을 개선할 여지가 여전히 존재한다. 역최대 알고리즘의 효율성에도 불구하고, 필요한 노드보다 더 많은 노드들을 탐색하는 역최대 알고리즘의 비효율성 (예를들면 보드 위치들)이 존재한다. 이 문제를 극복하기 위해, 역최대와 함께 알파-베타 가지치기라 불리는 탐색 전략을 사용한다.

준비 사항

재귀뿐만 아니라 동적 멤버 변수와 정적 멤버 변수의 차이를 알아야 한다. 동적 멤버 함수는 클래스의 인스턴스에 결속되는 반면, 정적 멤버 함수는 클래스 그 자체에 결속 된다. 정적 메서드는 객체를 인스턴스화할 필요 없이 호출할 수 있다. 이는 이 예제에 서 사용되는 범용 알고리즘에 걸맞는 성질이다.

재귀의 경우, 일반 상황(종료 조건이라고도 함)과 재귀 상황이 필요한 반복적인 프로세스 라는 것은 반복^{iteration}과는 달리 항상 명확하지는 않다(반복에 따라 달라진다).

예제 구현

다음과 같이 BoardAI 클래스에 새로운 함수를 추가한다.

1. ABNegamax 함수를 만든다.

```
public static float ABNegamax(
Board board,
int player,
int maxDepth,
int currentDepth,
ref Move bestMove,
float alpha,
float beta)
{
// 다음 단계는 여기
}
```

2. 일반적인 경우의 수를 검증한다.

```
if (board.IsGameOver() || currentDepth == maxDepth)
    return board.Evaluate(player);
```

3. 초깃값을 설정한다.

```
bestMove = null;
float bestScore = Mathf.NegativeInfinity;
```

4. 가능한 모든 움직임을 돌고, 최고점을 반환한다.

```
foreach (Move m in board.GetMoves())
{
// 다음 단계는 여기
}
return bestScore;
```

5. 현재 움직임으로부터 새로운 게임 상태를 만든다.

```
Board b = board.MakeMove(m);
```

6. 재귀 호출을 위한 값들을 설정한다.

```
 float recursedScore;
Move currentMove = null;
 int cd = currentDepth + 1;
 float max = Mathf.Max(alpha, bestScore);
```

7. 재귀를 시작한다.

```
recursedScore = ABNegamax(b, player, maxDepth, cd, ref currentMove, -beta, max);
```

8. 현재 점수를 설정하고, 필요하면 최대점과 움직임을 갱신한다. 또한 필요한 경우 반복을 멈춘다.

```
float currentScore = -recursedScore;
if (currentScore > bestScore)
{
        bestScore = currentScore;
        bestMove = m;

        if (bestScore >= beta)
                return bestScore;
}
```

예제 분석

알고리즘의 기본 원리를 알기 때문에 이제는 탐색 전략에 집중해보자.

각각 알파와 베타라는 두 가지 값이 있다. 알파 값은 플레이어가 성취할 수 있는 값보다 낮은 값이다. 알파 값은 플레이어가 받을 수 있는 최저점이다. 따라서 상대는 알파를 줄이려는 노력을 하지 않아야 한다. 비슷하게 베타 값은 한계 값이다. 알고리즘은 상대가 그 이상의 값을 획득하게 내버려 둘리 없다고 가정하기 때문에 더 이상 새로운 선택 시도를 고려할 필요가 없다.

각 플레이어 사이에 (최소화와 최대화) 대안^{alternation}으로 각 단계에서는 하나의 값만 확인하면 된다.

참고 자료

- 게임 트리 클래스 동작 예제
- 최소최대 예제
- 역최대 예제

▌역스카우팅 구현

탐색 전략 추가는 새로운 도전 과제의 여지를 만든다. 역스카우팅^{Negascouting}은 가지치기 휴리스틱의 성능을 향상시킴으로써 탐색의 범위를 좁힌 결과다. 알파 값과 베타 값 사이의 간격을 나타내는 탐색 윈도우 개념을 도입해, 가지가 잘려나갈 가능성을 높이게끔 탐색 윈도우를 줄인다.

준비 사항

재귀뿐만 아니라 동적 멤버 변수와 정적 멤버 변수의 차이를 알아야 한다. 동적 멤버 함수는 클래스의 인스턴스에 결속되는 반면, 정적 멤버 함수는 클래스 그 자체에 결속된다. 정적 메서드는 객체를 인스턴스화할 필요 없이 호출할 수 있다. 이는 이 예제에서 사용되는 범용 알고리즘에 걸맞는 성질이다.

재귀의 경우, 일반 상황(종료 조건이라고도 함)과 재귀 상황이 필요한 반복적인 프로세스라는 것은 반복^{iteration}과는 달리 항상 명확하지는 않다(반복에 따라 달라진다).

예제 구현

다음과 같이 BoardAI 클래스에 새 함수를 추가할 것이다.

1. ABNegascout 함수를 만든다.

```
public static float ABNegascout (
        Board board,
        int player,
        int maxDepth,
        int currentDepth,
        ref Move bestMove,
        float alpha,
        float beta)
    {
// 다음 단계는 여기
```

```
    }
```

2. 일반적인 경우의 수를 검증한다.

```
if (board.IsGameOver() || currentDepth == maxDepth)
    return board.Evaluate(player);
```

3. 초깃값을 설정한다.

```
bestMove = null;
float bestScore = Mathf.NegativeInfinity;
float adaptiveBeta = beta;
```

4. 가능한 모든 움직임을 돌고, 최고점을 반환한다.

```
foreach (Move m in board.GetMoves())
{
// 다음 단계는 여기
}
return bestScore;
```

5. 현재 움직임으로부터 새로운 게임 상태를 만든다.

```
Board b = board.MakeMove(m);
```

6. 재귀 호출을 위한 값들을 설정한다.

```
Move currentMove = null;
float recursedScore;
int cd = currentDepth + 1;
 float max = Mathf.Max(alpha, bestScore);
```

7. 재귀를 시작한다.

```
recursedScore = ABNegamax(b, player, maxDepth, depth, ref currentMove,
-adaptiveBeta, max);
```

8. 현재 점수를 설정하고 검증한다.

```
float currentScore = -recursedScore;
if (currentScore > bestScore)
{
   // 다음 단계는 여기에서
}
```

9. 가지치기의 유효성을 검사한다.

```
if (adaptiveBeta == beta || currentDepth >= maxDepth - 2)
{
    bestScore = currentScore;
          bestMove = currentMove;
}
```

10. 그렇지 않으면, 주변을 살펴본다.

```
else
{
      float negativeBest;
      negativeBest = ABNegascout(b, player, maxDepth, depth, ref bestMove,
-beta, -currentScore);
       bestScore = -negativeBest;
}
```

11. 필요하면 루프를 종료하고 그렇지 않으면, 적용 값을 갱신한다.

```
if (bestScore >= beta)
```

```
    return bestScore;
    adaptiveBeta = Mathf.Max(alpha, bestScore) + 1f;
```

예제 분석

이 알고리즘은 각 노드의 첫 번째 이동을 검사해 작동한다. 다음 움직임은 첫 번째 움직임을 통해 좁혀진 창을 통과한 스카우트^{scout}를 사용해 검사한다. 패스가 실패하면 전폭$^{full-width}$ 윈도우를 사용해 반복한다. 결과적으로 다수의 분기가 제거되고 실패는 줄어든다.

참고 자료

- AB 역최대 예제

▌ 틱택토 인공지능 상대 구현

이전 예제들을 활용해 틱택토라는 인기 게임의 인공지능 상대를 구현하는 방법을 알아 볼 것이다. 기본 클래스들을 확장할 뿐만 아니라 자신만의 보드게임을 위한 인공지능 상대를 만드는 방법을 제공할 것이다.

준비 사항

7장의 처음 시작 부분에서 만들었던 부모 클래스로부터 상속받은 틱택토 보드를 위한 구체적인 움직임^{move} 클래스를 만들 필요가 있다.

```
using UnityEngine;
using System.Collections;
```

```
public class MoveTicTac : Move
{
    public int x;
    public int y;
    public int player;

    public MoveTicTac(int x, int y, int player)
    {
        this.x = x;
        this.y = y;
        this.player = player;
    }
}
```

예제 구현

Board를 상속받는 새로운 클래스를 만들 것이다. 새로운 클래스에서는 부모의 메서드를 재정의하고, 새로운 메서드를 만들 것이다.

1. Board를 상속받아 BoardTicTac 클래스를 만든다. 그리고 보드의 값들을 저장하기 위한 관련 멤버 변수들을 추가한다.

```
using UnityEngine;
using System;
using System.Collections;
using System.Collections.Generic;

public class BoardTicTac : Board
{
    protected int[,] board;
    protected const int ROWS = 3;
    protected const int COLS = 3;
}
```

2. 기본 생성자를 구현한다.

```
public BoardTicTac(int player = 1)
{
    this.player = player;
    board = new int[ROWS, COLS];
    board[1,1] = 1;
}
```

3. 턴 중 다음 플레이어를 구하는 함수를 정의한다.

```
private int GetNextPlayer(int p)
{
    if (p == 1)
        return 2;
    return 1;
}
```

4. 주어진 플레이어를 염두에 두고 주어진 위치를 평가하는 함수를 만든다.

```
private float EvaluatePosition(int x, int y, int p)
{
    if (board[y, x] == 0)
        return 1f;
    else if (board[y, x] == p)
        return 2f;
    return -1f;
}
```

5. 주어진 플레이어를 염두에 두고 주어진 이웃들을 평가하는 함수를 정의한다.

```
private float EvaluateNeighbours(int x, int y, int p)
{
    float eval = 0f;
    int i, j;
    for (i = y - 1; i < y + 2; y++)
```

```
        {
            if (i < 0 || i >= ROWS)
                continue;
            for (j = x - 1; j < x + 2; j++)
            {
                if (j < 0 || j >= COLS)
                    continue;
                if (i == j)
                    continue;
                eval += EvaluatePosition(j, i, p);
            }
        }
        return eval;
    }
```

6. 값들과 함께 새로운 상태를 만드는 생성자를 구현한다.

```
public BoardTicTac(int[,] board, int player)
{
    this.board = board;
    this.player = player;
}
```

7. 현재의 상태로부터 가능한 움직임을 얻는 멤버 함수를 재정의한다.

```
public override Move[] GetMoves()
{
    List<Move> moves = new List<Move>();
    int i;
    int j;
    for (i = 0; i < ROWS; i++)
    {
        for (j = 0; j < COLS; j++)
        {
            if (board[i, j] != 0)
                continue;
            MoveTicTac m = new MoveTicTac(j, i, player);
            moves.Add(m);
```

```
        }
    }
    return moves.ToArray();
}
```

8. 주어진 움직임으로부터 새로운 상태를 얻는 함수를 재정의한다.

```
public override Board MakeMove(Move m)
{
    MoveTicTac move = (MoveTicTac)m;
    int nextPlayer = GetNextPlayer(move.player);
    int[,] copy = new int[ROWS, COLS];
    Array.Copy(board, 0, copy, 0, board.Length);
    copy[move.y, move.x] = move.player;
    BoardTicTac b = new BoardTicTac(copy, nextPlayer);
    return b;
}
```

9. 주어진 플레이어를 통해 현재 상태를 평가하는 함수를 정의한다.

```
public override float Evaluate(int player)
{
    float eval = 0f;
    int i, j;
    for (i = 0; i < ROWS; i++)
    {
        for (j = 0; j < COLS; j++)
        {
            eval += EvaluatePosition(j, i, player);
            eval += EvaluateNeighbours(j, i, player);
        }
    }
    return eval;
}
```

10. 현재 플레이어의 현재 상태를 평가하는 함수를 구현한다.

```
public override float Evaluate()
{
    float eval = 0f;
    int i, j;
    for (i = 0; i < ROWS; i++)
    {
        for (j = 0; j < COLS; j++)
        {
            eval += EvaluatePosition(j, i, player);
            eval += EvaluateNeighbours(j, i, player);
        }
    }
    return eval;
}
```

예제 분석

기본 알고리즘들과 함께 잘 동작하는 보드게임을 위한 새로운 종류의 움직임^{move}을 정의했다. 잘 동작하는 이유는 기본 알고리즘들은 움직임을 데이터 구조체로서 고수준으로 활용하기 때문이다.

문제를 모델링하기 위해 예제의 빵과 버터는 보드 클래스의 가상 함수를 재정의해서 가져온다. 보드게임에서의 플레이어의 움직임을 저장하기 위해 이차원 정수 배열을 사용한다(0은 빈공간을 나타낸다). 그리고 이웃들을 고려해 주어진 상태의 가치를 정의하기 위한 휴리스틱을 활용했다.

부연 설명

보드의 상태 점수를 평가하는 함수는 허용^{admissible} 가능한 휴리스틱을 갖는다. 하지만 이것이 최선이라고는 할 수 없다. 더 좋은 정교한 인공지능 상대을 만들기 위해 이 문제에 대해 다시 논의하고 앞서 나온 함수들의 몸체를 개선할지는 여러분에게 달려 있다.

참고 자료

- 게임트리 클래스 활용 예제

▌ 체커 인공지능 상대 구현

진보한 예제를 통해 이전 예제들을 어떻게 확장하는지 배웠다. 여기에서는 필요한 보드게임 AI 프레임워크의 함수들에 맞춰 체커draughts 보드게임과 보드게임의 말을 모델링하는 법을 배울 것이다.

체스 보드(8 × 8)와 이에 맞는 열두 피스 말을 사용할 것이다. 하지만 이는 다른 크기의 보드를 원할 경우 변경하기 위해 쉽게 파라미터화할 수 있다.

준비 사항

우선 MoveDraughts라는 경우를 위한 새로운 타입의 움직임을 만들 필요가 있다.

```csharp
using UnityEngine;
using System.Collections;

public class MoveDraughts : Move
{
    public int x;
    public int y;
    public bool success;
    public int removeX;
    public int removeY;
    public PieceDraughts piece;
}
```

이 데이터 구조체는 움직일 말과 새로운 x, y 좌표 및 다른 말을 잡는 데 움직임이 성공했는지 여부와 말이 제거된 위치를 저장한다.

예제 구현

말과 보드를 모델링하기 위한 두 가지 핵심 클래스를 구현할 것이다. 긴 절차가 될 것이기 때문에 각 단계를 주의 깊게 읽기 바란다.

1. PieceDraughts.cs 파일을 만들고, 다음의 문장을 추가한다.

```
using UnityEngine;
using System.Collections;
using System.Collections.Generic;
```

2. PieceColor 데이터 타입을 추가한다.

```
public enum PieceColor
{
    WHITE,
    BLACK
};
```

3. PieceType의 데이터 열거자를 추가한다.

```
public enum PieceType
{
    MAN,
    KING
};
```

4. PieceDraught 클래스를 만들기 시작한다.

```
public class PieceDraughts : MonoBehaviour
{
```

```
    public int x;
    public int y;
    public PieceColor color;
    public PieceType type;
  // 다음 단계는 여기
}
```

5. 말을 논리적으로 설정하는 함수를 정의한다.

```
public void Setup(int x, int y,
        PieceColor color,
        PieceType type = PieceType.MAN)
{
    this.x = x;
    this.y = y;
    this.color = color;
    this.type = type;
}
```

6. 보드 위에 말을 움직이는 함수를 정의한다.

```
public void Move (MoveDraughts move, ref PieceDraughts [,] board)
{
    board[move.y, move.x] = this;
    board[y, x] = null;
    x = move.x;
    y = move.y;
// 다음 단계는 여기
}
```

7. 움직임이 상대 말을 잡는 것을 성공하면 상대 말을 제거한다.

```
if (move.success)
{
    Destroy(board[move.removeY, move.removeX]);
    board[move.removeY, move.removeX] = null;
```

```
    }
```

8. 말의 종류가 왕인 경우 프로세스를 멈춘다.

```
if (type == PieceType.KING)
    return;
```

9. 말의 종류가 일반 사람이고 상대의 끝부분에 도달하면 말의 종류를 변경한다.

```
int rows = board.GetLength(0);
if (color == PieceColor.WHITE && y == rows)
    type = PieceType.KING;
if (color == PieceColor.BLACK && y == 0)
    type = PieceType.KING;
```

10. 움직임이 보드의 범위 안에 있는지 확인하는 함수를 정의한다.

```
private bool IsMoveInBounds(int x, int y, ref PieceDraughts[,] board)
{
    int rows = board.GetLength(0);
    int cols = board.GetLength(1);
    if (x < 0 || x >= cols || y < 0 || y >= rows)
        return false;
    return true;
}
```

11. 가능한 모든 움직임을 구하는 일반 함수를 정의한다.

```
public Move[] GetMoves(ref PieceDraughts[,] board)
{
    List<Move> moves = new List<Move>();
    if (type == PieceType.KING)
        moves = GetMovesKing(ref board);
    else
        moves = GetMovesMan(ref board);
```

```
        return moves.ToArray();
    }
```

12. 말의 종류가 왕이 아닌 일반 사람일 때 움직임을 가져오는 함수 구현을 시작
한다.

```
private List<Move> GetMovesMan(ref PieceDraughts[,] board)
{
// 다음 단계는 여기
}
```

13. 두 가지 가능한 움직임을 저장하기 위한 변수를 추가한다.

```
List<Move> moves = new List<Move>(2);
```

14. 수평으로 가능한 두 가지 선택지를 가지고 있는 변수를 정의한다.

```
int[] moveX = new int[] { -1, 1 };
```

15. 말의 색에 따라 수직 방향을 나타내는 변수를 정의한다.

```
int moveY = 1;
if (color == PieceColor.BLACK)
    moveY = -1;
```

16. 두 가지 가능한 선택을 반복하는 루프를 구현하고 가능한 움직임을 반환한다.
다음 단계에서 루프의 몸체를 구현할 것이다.

```
foreach (int mX in moveX)
{
   // 다음 단계
}
return moves;
```

17. 고려할 수 있는 위치를 계산하기 위한 새로운 두 변수를 선언한다.

```
int nextX = x + mX;
int nextY = y + moveY;
```

18. 이동 범위를 벗어나지 않았는지 테스트한다.

```
if (!IsMoveInBounds(nextX, y, ref board))
    continue;
```

19. 움직임이 같은 편 말에 의해 막혔다면, 다음 선택으로 넘어간다.

```
PieceDraughts p = board[moveY, nextX];
if (p != null && p.color == color)
    continue;
```

20. 리스트에 추가할 신규 움직임을 만든다.

```
MoveDraughts m = new MoveDraughts();
m.piece = this;
```

21. 위치가 유효하면 간단한 움직임을 만든다.

```
if (p == null)
{
    m.x = nextX;
    m.y = nextY;
}
```

22. 말이 잡힐 수 있는지 테스트하고, 움직임을 알맞게 수정한다.

```
else
{
```

```
            int hopX = nextX + mX;
            int hopY = nextY + moveY;
            if (!IsMoveInBounds(hopX, hopY, ref board))
                continue;
            if (board[hopY, hopX] != null)
                continue;
            m.y = hopX;
            m.x = hopY;
            m.success = true;
            m.removeX = nextX;
            m.removeY = nextY;
        }
```

23. 움직임을 리스트에 추가한다.

```
moves.Add(m);
```

24. 말의 타입이 왕일 경우 가능한 움직임들을 구하기 위한 함수 구현을 시작한다.

```
private List<Move> GetMovesKing(ref PieceDraughts[,] board)
{
// 다음 단계는 여기
}
```

25. 가능한 움직임들을 가질 변수를 선언한다.

```
List<Move> moves = new List<Move>();
```

26. 네 방향으로 탐색하기 위한 변수들을 만든다.

```
int[] moveX = new int[] { -1, 1 };
int[] moveY = new int[] { -1, 1 };
```

27. 모든 가능한 움직임들을 확인하기 위한 루프 구현을 시작하고 모든 움직임들을 구한다. 다음 단계에서 내부 루프의 몸체를 구현할 것이다.

```
foreach (int mY in moveY)
{
    foreach (int mX in moveX)
    {
  // 다음 단계는 여기
    }
}
return moves;
```

28. 움직임 검사를 위한 변수들을 만든다.

```
int nextX = x + mX;
int nextY = y + mY;
```

29. 보드의 범위가 넘어서기 전까지 한 방향으로 가는 루프를 만든다.

```
while (IsMoveInBounds(nextX, nextY, ref board))
{
  // 다음 단계는 여기
}
```

30. 특정 위치에 존재하는 말에 대한 참조를 얻는다.

```
PieceDraughts p = board[nextY, nextX];
```

31. 말이 같은 색이면 더 이상 가지 않는다.

```
if (p != null && p.color == color)
    break;
```

32. 새로운 가능한 움직임을 만들기 위한 변수를 정의한다.

```
MoveDraughts m = new MoveDraughts();
m.piece = this;
```

33. 해당 위치가 이동이 가능하다면 간단한 움직임을 만든다.

```
if (p == null)
 {
     m.x = nextX;
      m.y = nextY;
 }
```

34. 그 말이 잡힐 수 있는지 테스트하고, 알맞게 움직임을 변경한다.

```
else
{
     int hopX = nextX + mX;
     int hopY = nextY + mY;
     if (!IsMoveInBounds(hopX, hopY, ref board))
         break;
     m.success = true;
     m.x = hopX;
     m.y = hopY;
     m.removeX = nextX;
     m.removeY = nextY;
 }
```

35. 움직임을 추가하고, 현재 방향으로 한 단계 더 나아간다.

```
moves.Add(m);
nextX += mX;
nextY += mY;
```

36. 새 파일에 BoardDraughts라는 새 클래스를 만든다.

```
using UnityEngine;
using System.Collections;
using System.Collections.Generic;

public class BoardDraughts : Board
{
    public int size = 8;
    public int numPieces = 12;
    public GameObject prefab;
    protected PieceDraughts[,] board;
}
```

37. Awake 함수를 구현한다.

```
void Awake()
{
    board = new PieceDraughts[size, size];
}
```

38. Start 함수 구현을 시작한다. 게임의 공간 상의 표현에 따라 변할 수 있다는 점을 염두에 두자.

```
void Start()
{
        // 할 일
        // 초기화와 보드 준비
        // 구현은 달라질 수 있음

        // 다음 단계는 여기
}
```

39. 템플릿 객체에 PieceDraught 스크립트가 부착돼 있지 않으면 오류 메시지를 던진다.

```
PieceDraughts pd = prefab.GetComponent<PieceDraughts>();
```

```
if (pd == null)
    {
        Debug.LogError("No PieceDraught component detected");
        return;
    }
```

40. 반복 변수들을 추가한다.

```
int i;
int j;
```

41. 흰 말을 두는 루프를 구현한다.

```
int piecesLeft = numPieces;
for (i = 0; i < size; i++)
{
    if (piecesLeft == 0)
        break;
    int init = 0;
    if (i % 2 != 0)
            init = 1;
    for (j = init; j < size; j+=2)
    {
        if (piecesLeft == 0)
            break;
        PlacePiece(j, i, PieceColor.WHITE);
         piecesLeft--;
    }
}
```

42. 검정말을 두는 루프를 구현한다.

```
piecesLeft = numPieces;
for (i = size - 1; i >= 0; i--)
{
    if (piecesLeft == 0)
```

```
        break;
    int init = 0;
    if (i % 2 != 0)
        init = 1;
    for (j = init; j < size; j+=2)
    {
        if (piecesLeft == 0)
            break;
        PlacePiece(j, i, PieceColor.BLACK);
        piecesLeft--;
    }
}
```

43. 특정한 말을 두는 함수를 구현한다. 이 코드는 게임의 시각화 방법에 따라 변할 수 있다.

```
private void PlacePiece(int x, int y, PieceColor color)
{
    // 할 일
    // 공간 변위에 따른
    // 자신만의 이동을 구현할 것
    Vector3 pos = new Vector3();
    pos.x = (float)x;
    pos.y = -(float)y;
    GameObject go = GameObject.Instantiate(prefab);
    go.transform.position = pos;
    PieceDraughts p = go.GetComponent<PieceDraughts>();
    p.Setup(x, y, color);
    board[y, x] = p;
}
```

44. 파라미터가 없는 Evaluate 함수를 구현한다.

```
public override float Evaluate()
{
    PieceColor color = PieceColor.WHITE;
    if (player == 1)
```

```
        color = PieceColor.BLACK;
    return Evaluate(color);
}
```

45. 하나의 파라미터가 있는 Evaluate 함수를 구현한다.

```
public override float Evaluate(int player)
{
    PieceColor color = PieceColor.WHITE;
    if (player == 1)
        color = PieceColor.BLACK;
    return Evaluate(color);
}
```

46. 평가를 위한 일반 함수 구현을 시작한다.

```
private float Evaluate(PieceColor color)
{
// 다음 단계는 여기
}
```

47. 평가 결과와 위치들을 할당하기 위한 변수들을 정의한다.

```
float eval = 1f;
float pointSimple = 1f;
float pointSuccess = 5f;
```

48. 보드의 범위를 갖는 변수들을 만든다.

```
int rows = board.GetLength(0);
int cols = board.GetLength(1);
```

49. 반복을 위한 변수들을 정의한다.

```
int i;
int j;
```

50. 보드에서 움직임과 상대 말을 잡는 경우를 살펴보기 위해 반복한다.

```
for (i = 0; i < rows; i++)
{
    for (j = 0; j < cols; j++)
    {
        PieceDraughts p = board[i, j];
        if (p == null)
            continue;
        if (p.color != color)
            continue;
        Move[] moves = p.GetMoves(ref board);
        foreach (Move mv in moves)
        {
            MoveDraughts m = (MoveDraughts)mv;
            if (m.success)
                eval += pointSuccess;
            else
                eval += pointSimple;
        }
    }
}
```

51. 평가 결과를 반환한다.

```
return eval;
```

52. 보드의 가능한 움직임을 구하는 함수를 개발한다.

```
public override Move[] GetMoves()
{
// 다음 단계는 여기
}
```

53. 움직임과 보드의 경계 및 반복을 다루고 있는 변수들을 정의한다.

```
List<Move> moves = new List<Move>();
int rows = board.GetLength(0);
int cols = board.GetLength(1);
int i;
int j;
```

54. 보드의 가능한 모든 말로부터 움직임을 구한다.

```
for (i = 0; i < rows; i++)
{
    for (j = 0; i < cols; j++)
    {
        PieceDraughts p = board[i, j];
        if (p == null)
            continue;
        moves.AddRange(p.GetMoves(ref board));
    }
}
```

55. 찾은 움직임들을 반환한다.

```
return moves.ToArray();
```

예제 분석

이 보드는 이전 보드와 비슷한 방식으로 작동하지만 게임의 룰 때문에 더 복잡한 절차를 갖는다. 움직임들^{movements}은 말들의 움직임^{moves}에 묶여 있기 때문에 연쇄적인 효과를 반드시 주의 깊게 고려해야 한다. 각 말은 두 종류의 움직임을 가지며, 이는 말의 색과 말의 종류에 따라 달려 있다.

앞에서 살펴본 바와 같이 고수준의 역할들은 동일하다. 단지 조금의 참을성이 필요하고, 좋은 평가 함수 및 보드의 가능한 움직임을 구하는 절차를 개발하기 위한 생각이 필요하다.

부연 설명

Evaluate 함수는 완벽과는 거리가 있다. 단지 이동 가능한 움직임의 수와 잡은 상대말의 갯수로만 휴리스틱을 구현했다. 휴리스틱을 구현해 플레이어의 말이 상대의 다음 턴에 잡히지 않게 개선할 수 있었다.

또한 BoardDraughts 클래스의 PlacePiece 함수에 변화를 줘야 한다. 게임의 공간상 설정에 맞지 않는 확률이 높은 직접적인 메서드를 구현했기 때문이다.

▌UCB1로 가위바위보 AI 구현

가위 바위 보는 AI 기술을 테스트하는 데 고전적인 게임이다. 지금 다루는 예제와 다음 예제에서 가위바위보를 채택한 이유다. 여기에서는 n개의 팔을 가진 강도가 슬롯머신을 당기는 개념을 빗댄 강도bandit 알고리즘을 구현할 것이다. 보통은 슬롯머신을 대상으로 모델링하지만 여기에서는 가위바위보 플레이어로 모델링해 학습할 것이다. 이 알고리즘의 핵심은 더 나은 결과를 가져다 주는 옵션을 가지고 있다.

이번 예제에서는 UBC1upper confidence bound 알고리즘이 어떻게 동작하는지에 대해서 배울 것이다.

준비 사항

우선 행동을 정의하는 데이터 구조체를 구현해야 한다.

```
public enum RPSAction
{
  Rock, Paper, Scissors
}
```

예제 구현

해당 알고리즘의 기본이 되는 로직인 Bandit 클래스를 구현할 것이다.

1. Bandit 클래스를 생성한다.

```
using UnityEngine;

public class Bandit : MonoBehaviour
{
  // 다음 단계
}
```

2. 필요한 멤버 변수를 정의한다.

```
bool init;
int totalAcitons;
int[] count;
float[] score;
int numActions;
RPSAction lastAction;
int lastStrategy;
```

3. UCB1 알고리즘을 초기화하는 함수를 정의한다.

```
public void InitUCB1()
{
  if (init)
    return;
```

```
  // 다음 단계
}
```

4. 로컬 변수를 정의하고 초기화한다.

```
totalActions = 0;
numActions = System.Enum.GetNames(typeof(RPSaction)).Length;
count = new int[numActions];
score = new float[numActions];
int i;
for (i = 0; i < numActions; i++)
{
  count[i] = 0;
  score[i] = 0f;
}
init = true;
```

5. 에이전트가 취해야 할 다음 행동을 계산하는 멤버 함수를 정의한다.

```
public RPSAction GetNextActionUCB1()
{
  // 다음 단계
}
```

6. 필요 로컬 변수를 추가한다.

```
int i, best;
float bestScore;
float tempScore;
InitUCB1();
```

7. 가용 행동을 확인하고, 아직 어떤 행동을 해본 적이 없다면 그 행동을 반환한다.

```
for (i = 0; i < numActions; i++)
```

```
{
  if (count[i] == 0)
  {
    lastStrategy = i;
    lastAction = GetActionForStrategy((RPSAction) i);
    return lastAction;
  }
}
```

8. 가장 좋은 점수를 계산하는 데 사용하는 변수들을 초기화한다.

```
best = 0;
bestScore = score[best]/(float)count[best];
float input = Mathf.Log(totalActions/(float)count[best]);
input *= 2f;
bestScore += Mathf.Sqrt(input);
```

9. 모든 가용 행동을 확인한다.

```
for (i = 0; i < numActions; i++)
{
  // 다음 단계
}
```

10. 가장 좋은 점수를 계산한다.

```
tempScore = score[i]/(float)count[i];
input = Mathf.Log(totalActions/(float)count[best]);
input *= 2f;
tempScore = Mathf.Sqrt(input);
if (tempScore > bestScore)
{
  best = i;
  bestScore = tempScore;
}
```

11. 가장 좋은 점수를 반환한다.

```
lastStrategy = best;
lastAction = GetActionForStrategy((RPSAction) best);
return lastAction;
```

12. 주어진 초기 행동에 맞는 최적의 응답을 가져오는 함수를 정의한다.

```
public RPSAction GetActionForStrategy(RPSAction strategy)
{
  RPSAction action;
  // 다음 단계
}
```

13. 게임의 기본 규칙을 구현한다.

```
switch (strategy)
{
  default:
  case RPSAction.Paper:
    action = RPSAction.Scissors;
    break;
  case RPSAction.Rock:
    action = RPSAction.Paper;
    break;
  case RPSAction.Scissors:
    action = RPSAction.Rock;
    break;
}
```

14. 최적의 행동을 반환한다.

```
return action;
```

15. 상대방의 행동을 바탕으로 행동 효용성^{utility}을 계산하는 멤버 함수를 정의한다. 초깃값은 0으로 비기는 것을 의미[1]한다.

```
public float GetUtility(RPSAction myAction, RPSAction opponents)
{
  float utility = 0f;
  // 다음 단계
}
```

16. 상대방이 보를 냈는지 확인한다.

```
if (opponents == RPSAciton.Paper)
{
  if (myAction == RPSAction.Rock)
    utility = -1f;
  else if (myAction == RPSAction.Scissors)
    utility = 1f;
}
```

17. 상대방이 주먹를 냈는지 확인한다.

```
else if (opponents == RPSAciton.Rock)
{
  if (myAction == RPSAction.Paper)
    utility = 1f;
  else if (myAction == RPSAction.Scissors)
    utility = -1f;
}
```

18. 상대방이 가위를 냈는지 확인한다.

```
else
{
```

---

1 옮긴이 말: 16, 17, 18에서의 if 케이스가 전부 걸리지 않으면 결국 비기는 것이고, 이는 비김을 의미

```
        if (myAction == RPSAction.Rock)
          utility = -1f;
        else if (myAction == RPSAction.Paper)
          utility = 1f;
    }
```

19. 효용값을 반환한다.

```
    return utility;
```

예제 분석

예제에 가상 탐색pseudo-exploratory 알고리즘을 사용했다. 그리고 특정 행동을 취했을 때의 대가payoff를 저장했다. 이 예제에서는 우선 가능한 모든 행동을 테스트했고 행동이 있을 때마다 UCB1 알고리즘에서 따온 공식을 활용했다. 이 알고리즘은 사용자를 도전적으로 만들고 사용자는 패배할 수도 있다. 왜냐하면 이 알고리즘은 다양한 옵션들을 살펴보기 때문이다.

이에 따라 플레이어는 자신의 기술을 향상시킬 수 있다.

부연 설명

게임의 행동들을 전체적으로 다루면서 상대의 행동과 관련된 정보를 알려주는 함수가 필요하다. 여기에서는 플레이어의 행동이다.

```
public void TellOpponentAction(RPSAction action)
{
  totalActions++;
  float utility;
  utility = getUtility(lastAction, action);
  score[(int)lastAction] += utility;
```

```
    count[(int)lastAction] += 1;
}
```

참고 자료

UCB1 알고리즘과 관련된 이론적인 내용은 다음 웹 사이트에서 나단 스터티번트[Nathan Sturtevant] 교수가 작성한 내용을 참조하길 바란다.

https://www.movingai.com/gdc14/

┃ 리그렛 매칭 구현

이번에는 방금 배운 강도 알고리즘에 이어 리그렛 매칭[regret matching]이라는 UCB1 알고리즘 개선법을 찾아 볼 것이다. 이번에도 가위바위보 게임을 사용할 것이다. 물론 이 알고리즘은 격투기 게임과 같이 다른 종류의 게임에도 재적용할 수 있다.

준비 사항

이전 예제를 읽어보고 이전 예제의 멤버 변수와 데이터 구조에 대해서 알고 있어야 한다. 이전의 멤버 함수는 이 알고리즘과 관련이 없다. 따라서 이전 예제와는 다르게 멤버 함수들을 구성할 것이다. 하지만 이전 예제는 이번 알고리즘의 기본이 됨을 명심하라.

예제 구현

앞서 구현한 Bandit 클래스와 동일한 클래스를 가지고 다음 단계들을 구현할 것이다.

1. 필요한 멤버 변수를 정의한다.

```
float initialRegret = 10f;
float[] regret;
float[] chance;
RPSAction lastOpponentAction;
RPSAction[] lastActionRM;
```

2. 초기화하는 멤버 함수를 정의한다.

```
public void InitRegretMatching()
{
  if (init)
    return;
  // 다음 단계
}
```

3. 지역 변수를 선언하고 초기화한다.

```
numActions= System.Enum.GetName(typeof(RPSAction)).Length;
regret = new float[numActions];
chance = new float[numActions];
int i;
for (i = 0; i < numActions; i++)
{
  regret[i] = initialRegret;
  chance[i] = 0f;
}
init = true;
```

4. 다음에 취할 행동을 계산하는 멤버 함수를 정의한다.

```
public RPSAction GetNextActionRM()
{
  // 다음 단계
}
```

5. 지역 변수를 선언하고 초기화 함수를 호출한다.

```
float sum = 0f;
float prob = 0f;
int i;
InitRegretMatching();
```

6. 가용 옵션들을 탐색하고 옵션에 따른 응답을 가지고 있다.

```
for (i = 0; i < numActions; i++)
{
  lastActionRM[i] = GetActionForStrategy((RPSAction) i);
}
```

7. 전체 리그렛^{regret} 합을 구한다.

```
for (i = 0; i < numActions; i++)
{
  if (regret[i] > 0f)
    sum += regret[i];
}
```

8. 합이 영보다 작거나 같으면 렌덤한 행동을 반환한다.

```
if (sum <= 0f)
{
  lastAction = (RPSAction)Random.Range(0, numActions);
  return lastAction;
}
```

9. 행동을 탐색해 후회할 가능성의 합을 구한다.

```
for (i = 0; i < numActions; i++)
{
  chance[i] = 0f;
```

```
    if (regret[i] > 0f)
      chance[i] = regret[i];
    if (i > 0)
      chance[i] += chance[i-1];
}
```

10. 렌덤 확률을 구하고 이 확률을 행동을 취할 가능성과 비교한다. 렌덤 확률보다 더 큰 확률을 접하면 바로 반환한다.

```
prob = Random.value;
for (i = 0; i < numActions; i++)
{
  if (prob < chance[i])
  {
    lastStrategy = i;
    lastAction = lastActionRM[i];
    return lastAction;
  }
}
```

11. 모든 if문에서 걸러지지 않았다면 마지막 행동을 반환한다.

```
return (RPSAction)(numActions - 1)
```

예제 분석

가용 옵션을 살펴보고 행동을 취했을 때의 보상을 계산한다. 행동의 횟수가 일정 수준에 도달하면 알고리즘은 행동을 조절하고 확률 이벤트에 근거해 행동을 결정한다. 그러면서도 주어진 상대의 움직임에 대응하는 가능성을 염두에 둔다.

부연 설명

전략을 정의하고 균형을 맞추는 것도 중요하지만 상대 행동을 주시하는 것 또한 중요하다. 이전 절에서 다룬 상대의 행동을 고려하는 멤버 함수를 구현해야 하는 것은 이 때문이다.

```
public void TellOpponentActionRM(RPSAction action)
{
  lastOpponentAction = action;
  int i;
  for (i = 0; i < numActions; i++)
  {
    regret[i] += GetUtility((RPSAction)lastActionRM[i], (RPSAction) action);
    regret[i] -= GetUtility((RPSAction)lastAction, (RPSAction) action);
  }
}
```

마지막으로 전략과 효용성 함수의 균형을 잡는 것이 중요하다. 이는 RPS에서는 꽤 직관적이지만 다른 게임을 개발할 때 꽤 복잡해질 수 있다.

참고 자료

UCB1 알고리즘과 관련된 이론적인 내용은 다음 웹 사이트에서 나단 스터티번트[Nathan Sturtevant] 교수가 작성한 내용을 참조하길 바란다.

https://www.movingai.com/gdc14/

학습기술

8장에서는 다음의 주제들을 통해서 머신러닝의 세계를 탐험하게 될 것이다.

- N-Gram 예언자를 활용한 행동 예측
- 예언자 향상시키기: 계층적 N-Gram
- 나이브 베이즈 분류기$^{Naïve\ Bayes\ classifier}$를 활용한 학습
- 강화 학습 구현
- 인공 신경망 구현

▌소개

8장에서는 머신러닝 분야를 살펴 볼 것이다. 이 분야는 매우 본질적이고 광범위한 분

야로 심지어 대작 게임을 제작할 때에도 이를 다루는 데 매우 힘겨운 시간을 보낸다. 왜냐하면 이 기술을 실험하고 정제하는 데 막대한 시간이 필요하기 때문이다.

8장의 예제들을 학습하면 실제로 게임에 기술을 적용할 때 큰 도움이 될 것이다. 이러한 기술들은 다양한 방식으로 사용할 수 있지만 가장 유용한 한 가지 특징은 난이도 조절이다.

마지막으로 여기의 예제들을 보충하는 차원에서 이 주제와 관련된 이론 서적을 더 읽어보길 권장한다. 머신러닝에 대한 이론적 고찰은 8장의 범위를 넘어선다.

▌ N-Gram 예언자를 활용한 행동 예측

무작위 선택에서 과거 행동을 기반으로 한 선택으로 행동을 예측하는 것은 사용자에게 도전 의식을 주는 좋은 방법이다. 플레이어가 다음에 무엇을 할지 예측하기 위한 학습을 구현하는 방법 중 하나는 확률을 사용하는 것이다. 이것이 N-Gram 예언자가 하는 일이다.

다음 선택을 예측하기 위해서 N-Gram 예언자는 주어진 이전 n개의 움직임에 대한 선택들의 모든 조합을 통해 특정 의사 결정(주로 움직임)에 관한 확률의 기록을 가지고 있다.

준비 사항

이 예제는 일반 타입들을 활용한다. 일반 타입을 잘 활용하는 것은 매우 중요하기 때문에, 이에 대한 최소한의 기본적인 이해가 필요하다.

처음 해야 할 일은 행동들과 행동들의 확률들을 위한 데이터 타입을 구현하는 것이다. 이를 KeyDataRecord라 하겠다.

KeyDataRecord.cs 파일은 다음과 같다.

```
using System.Collections;
using System.Collections.Generic;

public class KeyDataRecord<T>
{
    public Dictionary<T, int> counts;
    public int total;

    public KeyDataRecord()
    {
        counts = new Dictionary<T, int>();
    }
}
```

예제 구현

N-Gram 예언자를 만드는 일은 크게 다섯 단계로 나눌 수 있다. 다음과 같다.

1. 파일 이름과 정확하게 일치하는 일반 클래스를 만든다.

```
using System.Collections;
using System.Collections.Generic;
using System.Text;

public class NGramPredictor<T>
{
    private int nValue;
    private Dictionary<string, KeyDataRecord<T>> data;
}
```

2. 멤버 변수들을 초기화하기 위한 생성자를 구현한다.

```
public NGramPredictor(int windowSize)
{
    nValue = windowSize + 1;
    data = new Dictionary<string, KeyDataRecord<T>>();
```

```
}
```

3. 행동들의 집합을 문자열 키로 변환하는 정적 함수를 구현한다.

```
public static string ArrToStrKey(ref T[] actions)
{
    StringBuilder builder = new StringBuilder();
    foreach (T a in actions)
    {
        builder.Append(a.ToString());
    }
    return builder.ToString();
}
```

4. 순서^{sequence} 집합을 등록하는 함수를 정의한다.

```
public void RegisterSequence(T[] actions)
{
    string key = ArrToStrKey(ref actions);
    T val = actions[nValue - 1];
    if (!data.ContainsKey(key))
        data[key] = new KeyDataRecord<T>();
    KeyDataRecord<T> kdr = data[key];
    if (kdr.counts.ContainsKey(val))
        kdr.counts[val] = 0;
    kdr.counts[val]++;
    kdr.total++;
}
```

5. 가장 하기 좋은 행동을 예측하는 함수를 구현한다.

```
public T GetMostLikely(T[] actions)
{
    string key = ArrToStrKey(ref actions);
    KeyDataRecord<T> kdr = data[key];
    int highestVal = 0;
```

```
        T bestAction = default(T);
        foreach (KeyValuePair<T,int> kvp in kdr.counts)
        {
            if (kvp.Value > highestVal)
            {
                bestAction = kvp.Key;
                highestVal = kvp.Value;
            }
        }
        return bestAction;
    }
```

예제 분석

예언자는 창의 크기(예측하기 위해 등록하는 행동들의 개수)에 따라 행동 집합을 등록하고 그 결괏값을 할당한다. 예를 들어, 창의 크기가 3인 경우 처음 3개는 다음 네 번째로 나올 가능성이 있는 것들을 예측하기 위한 키로 저장된다.

예측 함수는 주어진 이전 행동들의 집합을 통해 다음 행동이 어떠할지 계산한다. 더 많은 행동들이 등록될수록, 예언자의 정확도는 높아질 것이다(일정의 제한을 갖는다).

부연 설명

객체의 타입 T가 반드시 내부 사전형 자료형의 인덱스로 동작하게끔 인정되는 범위 내로 ToString과 Equals 함수를 재정의해야 함을 주의하자.

┃ 예언자 향상시키기: 계층적 N-Gram

1부터 n 범위의 여러 다른 예언자의 핸들러를 가짐으로써 N-Gram 예언자를 향상시킬 수 있다. 그리고 각각의 예언자들로부터 최상 추측을 비교한 이후 가장 가능성 있는 행동을 얻을 수 있다.

준비 사항

계측적 N-Gram 예언자를 구현하기 위해 우선순위를 조정해야 한다. `NGramPredictor` 클래스에 다음의 멤버 변수를 추가한다.

```
public int GetActionsNum(ref T[] actions)
{
    string key = ArrToStrKey(ref actions);
    if (!data.ContainsKey(key))
        return 0;
    return data[key].total;
}
```

예제 구현

N-Gram 예언자와 마찬가지로 계층적 버전을 만드는 데에는 꽤 많은 단계가 필요하다.

1. 새 클래스를 만든다.

```
using System;
using System.Collections;
using System.Text;

public class HierarchicalNGramP<T>
{
    public int threshold;
    public NGramPredictor<T>[] predictors;
    private int nValue;
}
```

2. 멤버 변수들을 초기화하기 위한 생성자를 구현한다.

```
public HierarchicalNGramP(int windowSize)
{
    nValue = windowSize + 1;
    predictors = new NGramPredictor<T>[nValue];
    int i;
    for (i = 0; i < nValue; i++)
        predictors[i] = new NGramPredictor<T>(i + 1);
}
```

3. 이전 것과 마찬가지로 순서를 등록하기 위한 함수를 정의한다.

```
public void RegisterSequence(T[] actions)
{
    int i;
    for (i = 0; i < nValue; i++)
    {
        T[] subactions = new T[i+1];
        Array.Copy(actions, nValue - i - 1, subactions, 0, i+1);
            predictors[i].RegisterSequence(subactions);
    }
}
```

4. 예측 계산을 위한 함수를 구현한다.

```
public T GetMostLikely(T[] actions)
{
    int i;
    T bestAction = default(T);
    for (i = 0; i < nValue; i++)
    {
    NGramPredictor<T> p;
        p = predictors[nValue - i - 1];
    T[] subactions = new T[i + 1];
        Array.Copy(actions, nValue - i - 1, subactions, 0, i + 1);
    int numActions = p.GetActionsNum(ref actions);
        if (numActions > threshold)
```

```
            bestAction = p.GetMostLikely(actions);
        }
        return bestAction;
    }
```

예제 분석

계층적 N-Gram 예언자는 일반 N-Gram 예언자와 거의 동일하게 동작한다. 차이점
은 계층적 예언자는 예언자 집합을 가지고 있고 자식 예언자를 활용해 각각의 메인 기
능을 수행한다.

각각의 메소드는 가용 행동 집합을 분리하면서 순열을 등록 혹은 미래에 실행할 확률
이 높은 행동을 찾는다. 이게 아니면 가용 행동 집합을 분리하면서 그것들을 자신의
자식에게 전달하는 방식으로 동작한다.

▌ 나이브 베이즈 분류기를 활용한 학습

예시들을 사용해 배우는 것은 사람조차도 어려운 일이다. 예를 들면, 값의 두 집합 예
시들의 리스트가 주어졌을 때 연결 고리를 찾는 것이 항상 쉬운 것만은 아니다. 이 문
제를 해결하는 한 가지 방법은 한 값의 집합으로 분류를 시도하는 것이다. 그것이 분
류 알고리즘을 손쉽게 구현하는 방법이다.

나이브 베이즈^{Naïve Bayes classifier} 분류는 문제 인스턴스에 라벨을 할당하기 위한 예측 알
고리즘이다. 분석할 변수들 사이의 강한 독립 가정[1]으로 확률과 베이즈 이론을 적용한
다. 베이즈 분류의 큰 장점 중 하나는 확장성이다.

---

1   독립 사건을 의미한다.

준비 사항

일반적인 분류기를 만드는 것은 어렵기 때문에, 입력은 긍정적이거나 부정적인 꼬리표가 붙는 예제를 가정하겠다. 먼저 해결해야 할 첫 번째는 분류기가 다뤄야 할 레이블label을 enum 데이터 구조체를 사용해 NBCLabel을 정의하는 것이다.

```
public enum NBCLabel
{
    POSITIVE,
    NEGATIVE
}
```

예제 구현

분류기를 제작하는 데에는 그리 긴 단계가 필요하지는 않다. 단지 다섯 단계다.

1. 클래스와 클래스의 멤버 변수들을 만든다.

```
using UnityEngine;
using System.Collections;
using System.Collections.Generic;

public class NaiveBayesClassifier : MonoBehaviour
{

    public int numAttributes;
    public int numExamplesPositive;
    public int numExamplesNegative;

    public List<bool> attrCountPositive;
    public List<bool> attrCountNegative;
}
```

2. 초기화를 위해 Awake 메서드를 정의한다.

```
void Awake()
{
    attrCountPositive = new List<bool>();
    attrCountNegative = new List<bool>();
}
```

3. 분류기를 갱신할 함수를 구현한다.

```
public void UpdateClassifier(bool[] attributes, NBCLabel label)
{
    if (label == NBCLabel.POSITIVE)
    {
        numExamplesPositive++;
        attrCountPositive.AddRange(attributes);
    }
    else
    {
        numExamplesNegative++;
        attrCountNegative.AddRange(attributes);
    }
}
```

4. 나브이 확률 계산을 위해 함수를 정의한다.

```
public float NaiveProbabilities(
        ref bool[] attributes,
        bool[] counts,
        float m,
        float n)
{
    float prior = m / (m + n);
    float p = 1f;
    int i = 0;
    for (i = 0; i < numAttributes; i++)
    {
        p /= m;
        if (attributes[i] == true)
            p *= counts[i].GetHashCode();
```

```
        else
            p *= m - counts[i].GetHashCode();
    }
    return prior * p;
}
```

5. 마지막으로 예측을 위한 함수를 구현한다.

```
public bool Predict(bool[] attributes)
{
    float nep = numExamplesPositive;
    float nen = numExamplesNegative;
        float x = NaiveProbabilities(ref attributes, attrCountPositive.
          ToArray(), nep, nen);
        float y = NaiveProbabilities(ref attributes, attrCountNegative.
          ToArray(), nen, nep);
        if (x >= y)
            return true;
        return false;
}
```

예제 분석

UpdateClassifier 함수는 예시를 입력 값으로 받아 저장한다. 처음으로 호출돼야 할
함수다. NaiveProbabilities 함수는 예측 함수 동작을 위한 확률들을 계산하는 책임을
갖는다. 마지막으로 Predict 함수는 분류의 결과를 얻기 위해 두 번째로 호출돼야 할
함수다.

▌강화 학습 구현

게임 중 시간이 지남에 따라 플레이어가 진보하는 것처럼 그리고 플레이어의 패턴이
변하는 것처럼 다른 행동들을 선택하는 적을 떠올려보자. 혹은 자유 의지를 지닌 펫의

다른 종류를 훈련하는 게임을 상상해보자.

이러한 작업들을 위해 경험 기반의 학습 모델링을 목표로 하는 일련의 기술들을 사용할 수 있다. 그 중 하나가 Q 학습이며, 이것을 이번 예제에서 구현할 것이다.

준비 사항

주요 알고리즘을 탐구하기에 앞서 특정 데이터 구조체를 구현해야 한다. 게임 상태를 위한 구조체를 정의하고, 게임의 행동을 위한 다른 구조체와 문제의 인스턴스를 정의하는 클래스가 필요하다. 모두 같은 파일에 존재한다.

다음은 게임 상태를 정의하기 위한 데이터 구조의 예다.

```
public struct GameState
{
    // 할 일
    // 여기에 상태 정의
}
```

다음은 게임 행동을 정의하는 데이터 구조체의 예다.

```
public struct GameAction
{
    // 할 일
    // 여기에 행동 정의
}
```

마지막으로 문제 인스턴스를 정의하는 데이터 구조를 만든다.

1. 파일과 클래스를 만든다.

   ```
   public class ReinforcementProblem
   {
   ```

```
}
```

2. 임의의 상태를 구하기 위한 가상 함수를 정의한다. 개발중인 게임의 종류에 따라서 게임의 현 상태를 고려하는 임의 상태에 관심이 있을 것이다.

```
public virtual GameState GetRandomState()
{
    // 할 일
    // 자신만의 행위를 구현
    return new GameState();
}
```

3. 주어진 게임 상태로부터 가능한 모든 행동들을 구하는 가상 함수를 정의한다.

```
public virtual GameAction[] GetAvailableActions(GameState s)
{
    // 할 일
    // 자신만의 행위를 구현
     return new GameAction[0];
 }
```

4. 행동을 수행하는 가상 함수를 정의하고, 결과 상태와 보상을 구한다.

```
public virtual GameState TakeAction(
        GameState s,
        GameAction a,
        ref float reward)
{
    // 할 일
    // 자신만의 행위를 구현
    reward = 0f;
    return new GameState();
}
```

예제 구현

이제 두 가지 클래스를 구현할 것이다. 첫 번째는 학습 목적의 값을 사전형 자료형에 저장하는 것이고, 두 번째 클래스는 실제 Q학습 알고리즘을 갖는다. 이 두 가지 클래스를 제작하기 위해 다음 단계를 따라해보자.

1. QValueStore 클래스를 만든다.

```
using UnityEngine;
using System.Collections.Generic;

public class QValueStore : MonoBehaviour
{
    private Dictionary<GameState, Dictionary<GameAction, float>> store
}
```

2. 생성자를 구현한다.

```
public QValueStore()
{
    store = new Dictionary<GameState, Dictionary<GameAction, float>>();
}
```

3. 게임 상태와 행동에 따른 결괏값을 구하는 함수를 정의한다. 특정 상태에서는 수행 불가능한 행동이 있을 수 있음을 고려해 주의 깊게 조작해야 한다.

```
public virtual float GetQValue(GameState s, GameAction a)
{
    // 할 일: 행위 구현은 여기
    return 0f;
}
```

4. 특정 상태에서 가장 최상의 행동을 구하는 함수를 구현한다.

```
public virtual GameAction GetBestAction(GameState s)
```

```
        // TODO: 행위를 여기에 구현
        return new GameAction();
    }
```

5. 다음의 함수를 구현한다.

```
public void StoreQValue(
        GameState s,
        GameAction a,
         float val)
{
    if (!store.ContainsKey(s))
    {
        Dictionary<GameAction, float> d;
        d = new Dictionary<GameAction, float>();
        store.Add(s, d);
    }
    if (!store[s].ContainsKey(a))
    {
        store[s].Add(a, 0f);
    }
    store[s][a] = val;
}
```

6. 알고리즘을 수행할 QLearning 클래스로 옮기자.

```
using UnityEngine;
using System.Collections;

public class QLearning : MonoBehaviour
{
    public QValueStore store;
}
```

7. 주어진 집합으로부터 임의의 행동을 구하는 함수를 정의한다.

```
private GameAction GetRandomAction(GameAction[] actions)
```

```
{
    int n = actions.Length;
    return actions[Random.Range(0, n)];
}
```

8. 학습 함수를 구현한다. 여러 단계로 나누는 것이 좋기 때문에 정의부터 시작한다. 코루틴으로 구현하는 것을 고려했다.

```
public IEnumerator Learn(
        ReinforcementProblem problem,
        int numIterations,
        float alpha,
        float gamma,
        float rho,
        float nu)
{
// 다음 단계
}
```

9. 저장 리스트가 초기화됐는지 검증한다.

```
if (store == null)
        yield break;
```

10. 임의의 상태를 얻는다.

```
 GameState state = problem.GetRandomState();
  for (int i = 0; i < numIterations; i++)
   {
// 다음 단계
   }
```

11. 현 프레임이 계속 진행될 수 있도록 null을 반환한다.

```
yield return null;
```

12. 걸음의 길이^{nu}에 반하는 유효성을 검사한다.

```
if (Random.value < nu)
    state = problem.GetRandomState();
```

13. 현재의 상태로부터 가능한 행동들을 구한다.

```
GameAction[] actions;
actions = problem.GetAvailableActions(state);
GameAction action;
```

14. 임의의 값에 따라 행동을 구한다.

```
if (Random.value < rho)
    action = GetRandomAction(actions);
else
    action = store.GetBestAction(state);
```

15. 현재 상태에서 선택한 행동을 취해 새로운 상태를 계산한다. 그리고 보상 결괏값도 계산한다.

```
float reward = 0f;
GameState newState;
newState = problem.TakeAction(state, action, ref reward);
```

16. 현재의 게임에서 q 값을 구하고 최선의 행동 및 최선의 행동과 이전에 계산된 새로운 상태에 따른 q 값을 구한다.

```
float q = store.GetQValue(state, action);
GameAction bestAction = store.GetBestAction(newState);
float maxQ = store.GetQValue(newState, bestAction);
```

17. Q학습 공식을 적용한다.

```
q = (1f - alpha) * q + alpha * (reward + gamma * maxQ);
```

18. 부모를 인덱스로 제공해 계산된 q 값을 저장한다.

```
store.StoreQValue(state, action, q);
state = newState;
```

예제 분석

Q학습 알고리즘에서 게임 월드는 상태 기계로 취급한다. 다음 파라미터들의 의미를 알아야 한다.

- **alpha**: 학습률^{learning rate}
- **gamma**: 할인율^{discount rate}
- **rho**: 탐색의 임의성^{randomness of exploration}
- **nu**: 걸음의 길이^{length of the walk}

▎인공 신경망 구현

뇌의 활동을 흉내 내는 적이나 게임의 시스템을 만드는 법을 상상해보자. 이는 신경망이 동작하는 방식이다. 뉴런 기반이며, 여러 뉴런들의 합을 퍼셉트론^{Perceptron}이라 부른다. 이것은 여러 뉴런의 다발이며, 뉴런의 입출력은 신경망을 구성한다.

이 예제에서 퍼셉트론을 시작해 신경 시스템 구축법과 네트워크를 만들기 위해 연결하는 방법을 배울 것이다.

이번 예제에서는 퍼셉트론으로부터 시작하는 뉴런 시스템을 구축하는 방법을 배울 것이다. 퍼셉트론을 통해 뉴런들이 결합될 수 있고, 네트워크를 형성할 수 있다.

준비 사항

가공하지 않은 입력을 다루는 데이터 타입이 필요하다. 이것을 InputPerceptron이라 부른다.

```
public class InputPerceptron
{
    public float input;
    public float weight;
}
```

예제 구현

두 가지 큰 클래스를 구현할 것이다. 한 가지는 Perceptron 데이터 타입을 위한 구현이고, 다른 하나는 신경망을 다루는 데이터 타입이다. 이 두 가지 클래스를 구현하는 단계를 밟아 보자.

1. 이전에 정의한 InputPerceptron 클래스를 상속받는 Perceptron 클래스를 구현한다.

```
public class Perceptron : InputPerceptron
{
    public InputPerceptron[] inputList;
    public delegate float Threshold(float x);
    public Threshold threshold;
    public float state;
    public float error;
}
```

2. 입력의 개수를 설정하는 생성자를 구현한다.

```
public Perceptron(int inputSize)
{
    inputList = new InputPerceptron[inputSize];
}
```

3. 입력을 처리하는 함수를 정의한다.

```
public void FeedForward()
{
    float sum = 0f;
    foreach (InputPerceptron i in inputList)
    {
        sum += i.input * i.weight;
    }
    state = threshold(sum);
}
```

4. 가중치를 조절하는 함수를 구현한다.

```
public void AdjustWeights(float currentError)
{
    int i;
    for (i = 0; i < inputList.Length; i++)
    {
        float deltaWeight;
        deltaWeight = currentError * inputList[i].weight * state;
        inputList[i].weight = deltaWeight;
        error = currentError;
    }
}
```

5. 입력 유형과 관련된 사중치를 설정하는 함수를 정의한다.

```
public float GetIncomingWeight()
```

```
{
    foreach (InputPerceptron i in inputList)
    {
        if (i.GetType() == typeof(Perceptron))
            return i.weight;
    }
    return 0f;
}
```

6. 네트워크에서 Perceptron의 집합을 다루는 클래스를 만든다.

```
using UnityEngine;
using System.Collections;

public class MLPNetwork : MonoBehaviour
{
    public Perceptron[] inputPer;
    public Perceptron[] hiddenPer;
    public Perceptron[] outputPer;
}
```

7. 신경망의 한쪽 끝에서 다른 쪽으로 입력을 전송하는 함수를 구현한다.

```
public void GenerateOutput(Perceptron[] inputs)
{
    int i;
    for (i = 0; i < inputs.Length; i++)
        inputPer[i].state = inputs[i].input;

    for (i = 0; i < hiddenPer.Length; i++)
        hiddenPer[i].FeedForward();

    for (i = 0; i < outputPer.Length; i++)
        outputPer[i].FeedForward();
}
```

8. 학습을 흉내내는 기능을 정의한다.

```
public void BackProp(Perceptron[] outputs)
{
// 다음 단계
}
```

9. 값들을 계산하기 위해 출력 레이어를 순회한다.

```
int i;
  for (i = 0; i < outputPer.Length; i++)
 {
     Perceptron p = outputPer[i];
     float state = p.state;

     float error = state * (1f - state);
     error *= outputs[i].state - state;

     p.AdjustWeights(error);
}
```

10. 내부 퍼셉트론 레이어를 순회한다.

```
for (i = 0; i < hiddenPer.Length; i++)
{
     Perceptron p = outputPer[i];
     float state = p.state;

     float sum = 0f;

     for (i = 0; i < outputs.Length; i++)
     {
         float incomingW = outputs[i].GetIncomingWeight();
         sum += incomingW * outputs[i].error;

         float error = state * (1f - state) * sum;
```

```
                p.AdjustWeights(error);
        }
    }
```

11. 손쉬운 사용을 위한 고수준 함수를 구현한다.

```
public void Learn(
        Perceptron[] inputs,
        Perceptron[] outputs)
{
    GenerateOutput(inputs);
    BackProp(outputs);
}
```

예제 분석

외부 입력을 처리하는 퍼셉트론과 내부에서 서로 연결된 내부 퍼셉트론을 정의하기 위해 두 가지 유형의 퍼셉트론을 구현했다. 이것이 기본 Perceptron 클래스가 후자 범주에서 파생된 이유다. FeedForward 함수는 입력을 처리하고 네트워크를 따라 입력을 처리한다. 마지막으로 역 전파 함수는 가중치 조정을 담당한다. 이 가중치 조절은 학습을 흉내 내는 것이다.

09

절차적 콘텐츠 생성

9장에서는 다음 예제들을 통해 절차적 콘텐츠 생성과 관련된 다양한 기술들을 배울 것이다.

- 깊이 우선 탐색 활용 미로 생성
- 던전 및 섬 건설 알고리즘 구현
- 풍경^{landscapes} 생성
- N-Gram 활용 콘텐츠 생성
- 진화 알고리즘을 활용한 적 생성

▌소개

게임에서의 절차적 콘텐츠 생성PCG이란 알고리즘을 통해 콘텐츠가 생성됨을 의미한다. 인간의 입력은 있어도 되고 없어도 된다. 게임에서의 절차적 콘텐츠 생성은 학계는 물론 큰 개발 스튜디오에서부터 작은 인디 개발자에 이르는 산업계에서도 관심을 가지고 있는 주제다. 초목을 생성하거나 높은 수준의 디테일을 전달하거나 완전한 미로를 제작하고, 탐험할 월드를 생성하는 데, 게임을 다시 플레이할 확률을 높이고 게임에 머무르는 시간을 증가시키는 데 사용할 수 있다.

9장에서 다루는 다양한 기술들을 통해 확률에 대한 개략적인 통찰력을 얻을 수 있을 것이며 우리를 더 깊이 있는 작업의 세계로 인도해 줄 것이다.

▌깊이 우선 탐색 활용 미로 생성

미로 생성을 시작점으로 삼아 탐색 알고리즘을 활용하는 PCG를 배워 볼 것이다. 2장, '내비게이션'에서 배운 내용을 조금 더 응용해 미로를 만들어 볼 것이다.

준비 사항

그래프로 셀이 벽인지 아닌지를 정의하는 데 그리드 표현법 및 불린 값을 사용할 것이다.

예제 구현

모든 것을 단지 하나의 추상적인 표현을 다루는 클래스 DSFDungeon으로 구성할 것이다.

1. DFSDungen 컴포넌트 및 멤버 변수들을 정의한다.

```csharp
using UnityEngine;
using System.Collections.Generic;

public class DFSDungeon : MonoBehaviour
{
    public int width;
    public int height;
    public bool[,] dungeon;
    public bool[,] visited;
    private Stack<Vector2> stack;
    private Vector2 current;
    private int size;

    // 다음 단계
}
```

2. 초기화 함수를 정의한다.

```csharp
private void Init()
{
    // 다음 단계
}
```

3. 필요한 변수를 초기화하고 초기 위치를 렌덤하게 설정한다.

```csharp
stack = new Stack<Vector2>();
size = width * height;
dungeon = new bool[height, width];
visited = new bool[height, width];
current.x = Random.Range(0, width - 1);
 current.y = Random.Range(0, width - 1);
```

4. 던전의 모든 셀을 벽으로 할당한다.

```
int i, j;
for (j = 0; j < height; j++)
  for (i = 0; i < width; i++)
    dungeon[j, i] = true;
```

5. 스택에 초기 위치를 넣는다.

```
stack.Push(current);
i = (int)current.x;
j = (int)current.y;
```

6. 가용 셀의 숫자를 감소시키면서 셀을 방문한 것으로 표시한다.

```
visited[j, i] = true;
size--;
```

7. 주어진 셀을 가지고 여덟 개의 인접한 이웃을 구하는 멤버 함수를 정의한다.

```
private Vector2[] GetNeighbors(Vector2 node)
{
  // 다음 단계
}
```

8. 순회할 좌측 상단 및 우측 하단 코너들을 정의하는 데 필요한 변수를 초기화한다.

```
List<Vector2> neighbors = new List<Vector2>();
int originX, targetX, originY, targetY;
originX = (int)node.x - 1;
originY = (int)node.y - 1;
targetX = (int)node.x + 1;
targetY = (int)node.y + 1;
```

```
int i, j;
```

9. 셀을 반복 순회하고, 오직 유효하고 가용한 셀만 추가한다.

```
for (j = originY; j < targetY; j++)
{
if (j < 0 || j >= height)
  continue;
for (i = originX; i < targetX; i++)
{
    if (i < 0 || i >= width)
    if (i == node.x && j == node.y)
      continue;
    if (visited[j,i])
     continue;
    neighbors.Add(new Vector2(i, j));
  }
}
```

10. 이웃들을 배열로 가져온다.

```
return neighbors.ToArray();
```

11. 미로를 만드는 함수를 정의한다.

```
public void Build()
{
Init();
// 다음 단계
}
```

12. 가용 위치가 존재하는 동안 반복한다.

```
while (size > 0)
{
```

```
// 다음 단계
}
```

13. 현재 셀의 이웃들을 구한다.

```
Vector2[] neighbors = GetNeighbors(current);
```

14. 이웃들의 수가 0보다 큰지 확인한다.

```
if (neighbors.Length > 0)
{
  // next step
}
```

15. 그렇다면 현재 셀을 스택에 추가한다.

```
stack.Push(current);
```

16. 랜덤한 이웃을 선택하고 이웃과 현재 셀 사이의 벽을 제거한다.

```
int rand = Random.Range(0, neighbors.Length - 1);
Vector2 n = neighbors[rand];
int i, j;
i = (int)current.y;
j = (int)current.x;
dungeon[j, i] = false;
i = (int)n.y;
j = (int)n.x;
dungeon[j, i] = false;
```

17. 이 이웃을 방문한 것으로 표기한다.

```
visited[j, i] = true;
```

```
current = n;
size--;
```

18. 스택에 원소가 존재하는 경우 스택에서 신규 위치를 가져온다.

```
else if (stack.Count > 0)
  current = stack.Pop();
```

예제 분석

DFS가 그래프를 순환하는 원리를 활용했다. 스택을 사용해 셀을 저장했고, 상황에 따라 추가하거나 제거했으며 모든 셀을 벽으로 정의하면서 시작했다. 그런 후 임의의 위치에서부터 셀을 가져오기 시작했으며 그래프 전체를 순회할 때까지 반복했다.

▌던전 및 섬 건설 알고리즘 구현

게임에서 가장 많이 사용하는 월드 구조 중 하나는 오픈 월드를 제외하면 던전일 것이다. 이번 예제에서는 오픈 월드와 던전을 생성하는 기술을 사용해 볼 것이다.

준비 사항

오픈 월드와 던전을 생성하는 기술은 DFS 미로 빌더와 마찬가지로 그리드 그래프로 쉽게 구현할 수 있다. 하지만 이번에는 다른 방식으로 접근해 공간 분할 및 크기 보관을 어떻게 처리하는지 보여 줄 것이다.

예제 구현

두 가지 클래스를 생성해야 한다. 하나는 노드를 다루고 다른 하나는 전체 트리와 고수준 오퍼레이션을 담당한다. 먼저 노드 파일을 살펴보자.

1. DungeonNode2D라는 신규 클래스를 생성한다.

```
using UnityEngine;
using System.Collections.Generic;

[System.Serializable]
public class DungeonNode2D
{
   // 다음 단계
}
```

2. 클래스의 멤버 변수들을 정의한다.

```
public Rect area;
public Rect block;
public Dungeon2D root;
public DungeonNode2D left;
public DungeonNode2D right;
protected int depth;
```

3. 생성자를 구현하고 초기화한다.

```
public DungeonNode2D (Rect area, Dungeon2D root, int depth = 0)
{
  this.area = area;
  this.root = root;
  this.depth = depth;
  this.root.leaves.Add(this);
  if (!this.root.tree.ContainsKey(depth))
    this.root.tree.Add(depth, new List<DungeonNode2D>());
  this.root.tree[depth].Add(this);
```

```
}
```

4. 노드를 분리하는 멤버 함수를 구현한다.

```
public void Split(Dungeon2D.Split splitCall)
{
  this.root.leaves.Remove(this);
  Rect[] areas = splitCall(area);
  if (areas == null)
    return;
  left = new DungeonNode2D(areas[0], root, depth + 1);
  right = new DungeonNode2D(areas[1], root, depth + 1);
}
```

5. 블록을 생성하는 멤버 함수를 구현한다(걸을 수 있는 공간 혹은 셀).

```
public void CreateBlock()
{
  block = new Rect();
  block.xMin = Random.Range(area.xMin, area.center.x);
  block.yMin = Random.Range(area.yMin, area.center.y);
  block.xMax = Random.Range(area.center.x, area.xMax);
  block.yMax = Random.Range(area.center.y, area.yMax);
}
```

이제 던전을 생성하는 클래스를 개발해야 한다.

1. MonoBehaviour를 상속하는 Dungeon2D라는 클래스를 생성한다.

```
using UnityEngine;
using System.Collections.Generic;
public class Dungeon2D : MonoBehaviour
{
  // 다음 단계
}
```

2. 필요한 멤버 변수들을 정의한다.

```
public float minAcceptSize;
public Rect area;
public Dictionary<int, List<DungeonNode2D>> tree;
public HashSet<DungeonNode2D> leaves;
public delegate Rect[] Split(Rect area);
public Split splitCall;
public DungeonNode2D root;
```

3. 초기화 멤버 함수를 구현한다.

```
public void Init()
{
  leaves.Clear();
  tree.Clear();
  if (splitCall == null)
    splitCall = SplitNode;
  root = new DungeonNode2D(area, this);
}
```

4. 던전 생성 멤버 함수를 구현한다.

```
public void Build()
{
  root.Split(splitCall);
  foreach (DungeonNode2D node in leaves)
    node.CreateBlock();
}
```

5. Awake 함수를 구현한다. 잎 노드 및 가지 노드를 저장하는 객체들을 인스턴스로 만든다.

```
private void Awake()
{
  tree = new Dictionary<int, List<DungeonNode2D>>();
```

```
    leaves = new HashSet<DungeonNode2D>();
}
```

6. 노드를 분리하는 기본default 멤버 함수를 정의한다.

```
public Rect[] SplitNode(Rect area)
{
    // 다음 단계
}
```

7. 필요한 변수를 초기화한다.

```
Rect[] areas = null;
DungeonNode2D[] children = null;
```

8. 영역의 너비 혹은 높이가 기준치보다 작은지 확인한다. 작다면 해당 영역을 반환한다.

```
float value = Mathf.Min(area.width, area.height);
if (value < minAcceptSize)
    return areas;
```

9. 너비와 높이 중 더 큰 값이 무엇인지 확인한다.

```
areas = new Rect[2];
bool isHeightMax = area.height > area.width;
float half;
```

10. 높이가 최대치보다 크면 높이를 기준으로 분리한다.

```
if (isHeightMax)
{
```

```
      half = area.height/2f;
      areas[0] = new Rect(area);
      areas[0].height = half;
      areas[1] = new Rect(area);
      areas[1].y = areas[0].y + areas[0].height;
   }
```

11. 너비가 최대치보다 크면 너비를 기준으로 분리한다.

```
else {
   half = area.width/2f;
   areas[0] = new Rect(area);
   areas[0].width = half;
   areas[1] = new Rect(area);
   areas[1].x = areas[0].x + areas[0].width;
}
```

12. 신규 노드용 영역을 반환한다.

```
return areas;
```

예제 분석

이진 공간 분할(BSP)이라는 기술을 사용했다. 노드는 분할 함수 정의와 더불어 가장 기본적인 것이다. 또한 모든 고수준 작업을 수행하는 데 메인 컴포넌트를 사용했다. 분할이 재귀적으로 수행됨에 따라 분할 함수의 기본 케이스와 재귀 케이스에 대해 신경 쓴 후, 블록간 연결 생성에 신경 써야 했다.

부연 설명

분할 함수를 델리게이트로 구현했기 때문에 새로운 함수를 구현하고 이 함수를 빌더에 할당하는 방식으로 BSP를 더 정교하게 수정할 수 있다.

예를 들면 분할 함수를 정확히 절반으로 나누는 게 아닌 임의의 값을 통해 나누는 기준점으로 삼을 수 있다.

참고 자료

건설 알고리즘에 대한 더 자세한 이론적인 내용은 다음 자료를 확인하길 바란다.

- 『Procedural Content Generation in Games』, 누르 샤커[Noor Shaker], 줄리안 토겔리우스[Julian Togelius], 마크 넬슨[Mark J. Nelson], (Springer, 2016). ISBN 978-3-319-42714-0(http://pcgbook.com)

▌풍경 생성

던전과 미로 다음으로 풍경도 절차적 콘텐츠 생성과 밀접한 관련이 있다. 오픈 월드를 위한 표준 해결책이 존재하고 풍경[landscapes]을 생성하는 데 여러 가지 알고리즘이 존재한다. 여기에서는 풍경을 생성하는 데 스퀘어-다이아몬드 알고리즘 구현법을 배울 것이다. 스퀘어-다이아몬드 알고리즘은 사실상 높이맵 택스처를 생성하는 인기 있는 알고리즘 중 하나다.

준비 사항

이번 예제에서는 그리드 기반 그래프를 계속 사용할 것이다. 하지만 이번에는 벽을 정의하는 데에는 사용하지 않고 터레인[terrain]의 높이에 사용할 것이다. 이 기술에 관한 한가지 재미있는 점은 2D와 3D 월드에 완벽히 적용할 수 있다는 것이다.

예제 구현

하나의 단일 컴포넌트에 터레인 생성자를 개발할 것이다.

1. TerrainGenerator라는 신규 클래스를 생성한다.

```
using UnityEngine;

public class TerrainGenerator : MonoBehaviour
{
  // 다음 단계
}
```

2. 크기, 높이를 조절하는 데 멤버 변수를 정의한다.

```
[Range(3, 101)]
public int size;
[Range(0.1f, 20f)]
public float maxHeight;
protected float[,] terrain;
```

3. 초기화 함수를 구현한다.

```
public void Init()
{
  if (size % 2 == 0)
    size++;
  terrain = new float[size, size];
  terrain[0, 0] = Random.value;
  terrain[0, size-1] = Random.value;
  terrain[size-1, 0] = Random.value;
  terrain[size-1, size-1] = Random.value;
}
```

4. 터레인을 생성하는 함수를 정의한다. 이 함수는 매우 거대하다. 다음 단계에서 알고리즘을 구현한다.

```
public void Build()
{
   // next steps
}
```

5. 필요한 변수를 초기화한다.

```
int step = size - 1;
float height = maxHeight;
float r = Random.Range(0, height);
```

6. 전체 그리드를 순회하는 루프를 생성한다. 이번 예제 이후의 모든 단계는 이 루프 안에 존재한다.

```
for (int sideLength = size-1; sideLength >= 2; sideLength /= 2)
{
   // 다음 단계
}
```

7. 스퀘어 단계 루프를 구현한다.

```
// 스퀘어
int half = size / 2;
int x, y;
for (y = 0; y < size - 1; y += sideLength)
{
   for (x = 0; x < size -1; x += sideLength)
   {
      // 다음 단계
   }
}
```

8. 코너의 값을 계산한다.

```
float average = terrain[y,x];
average += terrain[x + sideLength, y];
average += terrain[x, y + sideLength];
average += terrain[x + sideLength, y + sideLength];
average /= 4f;
average += Random.value * 2f * height;
terrain[y + half, x + half] = average
```

9. 다이아몬드 단계 루프를 구현한다.

```
// 다이아몬드
for (int j = 0; j < size - 1; j = half)
{
  for (int i = (j + half)%sideLength; i < size - 1; i +=sideLength)
  {
    // 다음 단계
  }
}
```

10. 코너 값을 계산한다.

```
float average = terrain[(j-half+size)%size, i];
average += terrain[(j+half)%size,i];
average += terrain[j, (i+half)%size];
average += terrain[j,(j-half+size)%size];
average = average + (Random.value * 2f * height) - height;
terrain[j, i] = average;
```

11. 부드러움 정도를 증가시키기 위한 모서리 위의 값을 감싼다. 이 단계는 필수 단계는 아니지만 해당 터레인을 무한 풍경에 적용한다면 필요하다.

```
if (i == 0)
terrain[j, size - 1] = average;
```

```
if (j == 0)
terrain[size-1, i] = average;
```

12. 높이 값을 감소시킨다.

```
height /= 2f;
```

예제 분석

코너 값을 초기화한 후에 바깥쪽 코너에서부터 안쪽으로 작업을 진행했으며 임의성을 가미하면서 코너 값들을 전파했다. 핵심은 단계를 거치면서 그리드를 스퀘어와 다이아몬드로 나눈 것이다. 어느 정도의 실제 자연의 풍경에서 발견할 수 있는 임의성을 흉내 냈다.

게임의 특정 요구사항에 부합하는 더 좋은 결과를 위해서는 초깃값의 미세 조절이 필요하다.

▌N-Gram 활용 콘텐츠 생성

8장의 학습 기술에서 N-1개의 원소를 갖는 순열에서 다음 항목을 예측하는 데 쓰이는 확률론 언어 모델로서 N-Gram이 어떤 것인지 배웠다. 그리고 플레이어의 행동을 예측하는 데 이것을 학습 기술에 어떻게 접목시킬 수 있는지 배웠다. 주어진 집합의 스타일을 흉내 내 신규 원소를 생성하는 N-Gram은 절차적 콘텐츠 생성에도 사용할 수 있다.

이번 예제에서는 N-Gram의 파워를 활용해 주어진 집합을 통해 신규 레벨을 생성할 것이다. 결국 레벨 디자이너의 스타일을 흉내 내는 것이다.

준비 사항

8장, '학습기술'에서 개발했던 N-Gram 예언자를 다시 상기시켜 볼 필요가 있다. 이 예언자를 이전 레벨 디자인을 기반으로 레벨을 생성하는 도구로 사용할 것이다. 여기에서는 하나의 레벨을 메인 패턴으로 사용할 것이다.

예제 구현

3가지 다른 종류의 클래스를 개발할 것이다. 하나는 프리펩용 컴포넌트이고, 하나는 레벨 예언자, 나머지 하나는 모든 것을 한 곳에 모은 레벨 생성자다.

LevelSlice는 프리펩에 부착하는 컴포넌트다.

```
using UnityEngine;

public class LevelSlice : MonoBehaviour
{
  public string id;

  override public string ToString()
  {
    return id;
  }
}
```

이제 예언자를 개발해야 한다.

```
public class LevelPredictor : NGramPredictor<LevelSlice>
{
  public LevelPredictor(int windowSize) : base(windowSize)
  {
  }
}
```

마지막으로 레벨 생성자를 개발한다.

```csharp
using UnityEngine;
using System.Collections.Generic;

public class LevelGenerator : MonoBehaviour
{
  public LevelPredictor predictor;
  public List<LevelSlice> pattern;
  public List<LevelSlice> result;
  private bool isInit;

private void Start()
{
  isInit = false;
}
public void Init()
{
  result = new List<LevelSlice>();
  predictor = new LevelPredictor(3);
  predictor.RegisterSequence(pattern.ToArray());
}

public void Build()
{
  if (isInit)
    return;
  int i;
  for (i = 0; i < pattern.Count - 1; i++)
  {
    LevelSlice slice;
    LevelSlice[] input = pattern.GetRange(0, i + 1).ToArray();
    slice = predictor.GetMostLikely(input);
    result.Add(slice);
    }
  }
}
```

예제 분석

8장, '학습기술'에서 개발한 N-Gram 예언자를 기초해 이번 예제의 레벨 예언자를 제작했다. 이를 통해 에언자는 예언자의 역할을 함과 동시에 우리는 상위 레벨 로직에 집중할 수 있다.

LevelSlice 컴포넌트를 부착한 프리펩으로 구성한 레벨을 초기 패턴으로 활용한 후 이전 레벨과 비슷한 스타일, 동일한 크기의 신규 레벨을 생성하는 데 패턴을 사용한다.

이번 예제를 동작하게 하려면 각각의 프리펩에 고유 식별자를 둬야 한다.

부연 설명

다음의 일련 과정을 통해 이 기술을 무한 러너^{runner} 게임을 제작하는 데 활용할 수 있다.

1. 핵심 레벨을 보관한다(월드 혹은 난이도별).
2. 현재 레벨 빌더에 상위 레벨 디렉터를 할당한다.
3. 초기 생성 레벨과 신규 생성 레벨을 바꿔주거나 게임이 끝날 때까지 신규 레벨을 생성하는 데 패턴을 계속 활용한다.

다음 절에서는 연구 결과가 증명하듯이 이번 예제에 사용한 기술은 3-grams으로 잘 동작한다.

참고 자료

절차적 콘텐츠 생성에 N-Gram을 활용하는 방법에 대한 더 자세한 정보 및 이번 예제의 활용 사례는 다음 자료들을 살펴보길 바란다.

* 플레이어 예측, 절차적 생성, 스타일 AI를 위한 N-Gram 구현(조셉 바스퀴즈^{Joseph Basquiz} 2세) (http://www.gameaipro.com/GameAIPro/

GameAIPro_Chapter48_Implementing_N-Grams_for_Player_
Prediction_Proceedural_Generation_and_Stylized_AI.pdf)

- N-Gram을 통한 선형 레벨(달스코그[Dalscog], 토겔리우스[Togelis], 넬슨[nelson])
(http://julian.togelius.com/Dahlskog2014Linear.pdf)

▌ 진화 알고리즘을 활용한 적 생성

지금까지 위상 알고리즘을 설명했다. 이제는 적[enemies]과 같은 다른 종류의 콘텐츠를
살펴볼 차례다.

이번 예제에서는 플레이어가 상대하기 어려운 적들을 기반으로 적들의 웨이브를 생성
하는 데 진화 알고리즘을 활용해 볼 것이다.

준비 사항

다음 절의 메인 진화 알고리즘 구현법에 집중하기 위해 적들의 템플릿을 정의해야 한
다. 여기에서는 EvolEnemy라는 직렬화가 가능한 클래스를 사용할 것이다.

```
using UnityEngine;
using UnityEngine.UI;
[System.Serializable]
public class EvolEnemy
{
  public Sprite sprite;
  public int healthInit;
  public int healthMax;
  public int healthVariance;
}
```

예제 구현

두 가지 클래스 작업을 진행할 것이다. 진화 알고리즘을 포함하는 적 생성자와 이전 절에서 만든 적 템플릿을 기반으로 생성한 실시간 인스턴스를 다루는 적 컨트롤러 클래스다. 또한 몇 가지 게임 로직을 사용할 것이다.

템플릿에 EvolEnemyController를 적용한 컨트롤러를 정의해야 한다.

1. EvolEnemyController라는 클래스를 생성한다.

```
using UnityEngine;
using System;
using System.Collections;

public class EvolEnemyController :
  MonoBehaviour, IComparable<EvolEnemyController>
{
  // 다음 단계
}
```

2. 클래스의 멤버 변수를 정의한다.

```
public static int counter = 0;
[HideInInspector]
public EvolEnemy template;
public float time;
protected Vector2 bounds;
protected SpriteRenderer _renderer;
protected BoxCollider2D _collider;
```

3. IComparable 인터페이스의 멤버 함수를 구현한다.

```
public int CompareTo(EvolEnemyController other)
{
  return other.time > time ? 0 : 1;
}
```

4. 초기화 함수를 구현한다.

```
public void Init(EvolEnemy template, Vector2 bounds)
{
  this.template = template;
  this.bounds = bounds;
  Revive();
}
```

5. 오브젝트에 반응하는 함수를 구현한다.

```
public void Revive()
{
  gameObject.SetActive(true);
  counter++;
  gameObject.name = "EvolEnemy" + counter;

  Vector3 newPosition = UnityEngine.Random.insideUnitCircle;
  newPosition *= bounds;
  _renderer.sprite = template.sprite;
  _collider = gameObject.AddComponent<BoxCollider2D>();
}
```

6. Update 함수를 구현한다.

```
private void Update()
{
  if (template == null)
    return;
  time += Time.deltaTime;
}
```

7. 클릭으로 적을 제거하는 함수를 구현한다.

```
private void OnMouseDown()
{
```

```
    Destroy(_collider);
    gameObject.SendMessageUpwards("KillEnemy", this);
  }
```

마지막으로 적 생성자를 작업한다.

1. EvolEnemyGenerator라는 신규 클래스를 생성한다.

```
using UnityEngine;
using System.Collections.Generic;

public class EvolEnemyGenerator : MonoBehaviour
{
  // 다음 단계
}
```

2. 필요한 멤버 변수를 선언한다.

```
public int mu;
public int lambda;
public int generations;
public GameObject prefab;
public Vector2 prefabBounds;
protected int gen;
private int total;
private int numAlive;
public EvolEnemy[] enemyList;
private List<EvolEnemyController> population;
```

3. Start 멤버 함수를 구현한다.

```
private void Start()
{
  Init();
}
```

4. 초기화 함수를 선언한다.

```
public void Init()
{
  // 다음 단계
}
```

5. 이 함수의 내부 변수를 선언한다.

```
gen = 0;
total = mu + lambda;
population = new List<EvolEnemyController>();
int i, x;
bool isRandom = total != enemyList.Length;
```

6. 초기 생성 혹은 적 무더기를 생성한다.

```
for (i = 0; i < enemyList.Length; i++)
{
  EvolEnemyController enemy;
  enemy = Instantiate(prefab).GetComponent<EvolEnemyController>();
  enemy.transform.parent = transform;
  EvolEnemy template;
  x = i;
  if (isRandom)
    x = Random.Range(0, enemyList.Length - 1);
  template = enemyList[x];
  enemy.Init(template, prefabBounds);
  population.Add(enemy);
}
```

7. 살아있는 적의 개수를 생성 크기로 초기화한다.

```
numAlive = population.Count;
```

8. 신세대를 생성하는 함수를 정의한다.

```
public void CreateGeneration()
{
    // 다음 단계
}
```

9. 생성 개수가 허용 개수보다 큰지 확인한다.

```
if (gen > generations)
return;
```

10. 객체들을 오름차순으로 정렬하고 생존 개체의 리스트를 생성한다.

```
population.Sort();
List<EvolEnemy> templateList = new List<EvolEnemy>();
int i, x;
for (i = mu; i < population.Count; i++)
{
    EvolEnemy template = population[i].template;
    templateList.Add(template);
    population[i].Revive();
}
```

11. 생존 타입으로 신규 개체를 생성한다.

```
bool isRandom = templateList.Count != mu;
for (i = 0; i < mu; i++)
{
    x = i;
    if (isRandom)
        x = Random.Range(0, templateList.Count - 1);
    population[i].template = templateList[x];
    population[i].Revive();
}
```

12. 세대를 증가시키고 생존 개체의 수를 리셋한다.

```
gen++;
numAlive = population.Count;
```

13. 적을 무찌르는 함수를 구현한다.

```
public void KillEnemy(EvolEnemyController enemy)
{
  enemy.gameObject.SetActive(false);
  numAlive--;
  if (numAlive > 0)
    return;
  Invoke("CreateGeneration", 3f);
}
```

예제 분석

EvolEnemy 클래스는 개체 표현형phenotype을 정의하는 템플릿으로 동작한다. mu와 lambda 값을 활용해서 개체 수를 정의했다. 그리고 첫 번째 웨이브를 임의로 생성했다.

그 다음, 각 웨이브가 제거되면 진화 함수를 수행하면서 생존에 가장 적합하지 않은 적부터 생존에 가장 적합한 적까지 정렬한다. 개체의 첫 번째 mu값이 박멸되면 생존 개체들을 카피하면서 자손들이 생성된다. 이것을 한 세대라고 한다.

이 알고리즘은 진화가 정의한 세대만큼 진행될 때까지 작동한다.

부연 설명

개체군 내의 개체들을 정의하는 기본 클래스로 EvolEnemy를 사용했으며 개체들을 정렬하는 데 단순한 규칙을 사용했다. 이 알고리즘은 속도, 색상, 크기, 힘과 같은 변이를 고려한 더 복잡한 템플릿과 표현형을 정의해 더 향상시킬 수 있다.

또한 알고리즘을 보여주고 실험적인 여지를 부여하기 위한 용도로 생성한 이 예제에서는 적 컨트롤러는 템플릿과 분리돼 있다. 하지만 중요한 점은 독자에게 알고리즘에 대한 개념을 잡을 수 있게 하는 도구를 제공하는 것이었다. 독자들은 이 알고리즘을 제대로 한번 이해하고 나면 본인의 게임에 적용할 수 있다.

참고 자료

유전 알고리즘에 대한 더 자세한 정보 및 절차적 콘텐츠 생성의 활용은 다음 자료들을 확인하길 바란다.

- 『Artificial Intelligence: A Modern Approach, 3/E』, 스튜어드 러셀[Stuart Russel], 피터 노빅[Peter Norvig], 프렌티스 홀[Prentice Hall], (Pearson, 2010).
- 『Procedural Content Generation in Games』, 누르 샤커[Noor Shaker], 줄리안 토겔리우스[Julian Togelius], 마크 넬슨[Mark J. Nelson], (Springer, 2016).

10

기타 알고리즘

10장에서는 다음의 여러 다른 기술들을 배울 것이다.

- 스크립터블 객체^{ScriptableObject} 생성 및 관리
- 난수 세련되게 다루기
- 에어하키 상대 만들기
- 레이싱 게임 아키텍처 구현
- 러버밴딩 시스템을 활용한 레이스 난이도 관리

▌소개

10장에서 새로운 기술들을 소개할 것이고 명확한 범주에 들어 맞지 않았던 새로운 행

위를 제작하기 위해 앞에서 배웠던 알고리즘을 사용할 것이다. 10장에서는 다른 목적들을 이루기 위해 각기 다른 종류의 기술들을 어떻게 혼합하는지 엿볼 수 있다.

▌ 스크립트 객체 생성 및 관리

보통 개발자들은 영구적으로 데이터를 저장하거나 불러올 필요가 있다. 아마도 이러한 경우 예전에는 XML, JSON, CSV와 같은 텍스처 파일 형식의 몇 가지 포맷들을 사용했었을 것이다. 프로젝트에서 어떠한 변화를 반영하거나 반복하는 데는 어느 정도의 개발 공수가 들어간다는 사실을 알고 있다. 이러한 데이터들의 대부분은 게임을 셋업하거나 레벨, 적, 전체 게임 메커니즘을 형성하는 데 사용한다.

유니티 개발자들은 시리얼라이즈가 적용된 퍼블릭 멤버 변수를 통한 인스펙터 윈도우의 파워를 활용한다. 하지만 이러한 값들은 영구적인 파일에 저장하는 것이 더 적합하다. 이것이 바로 ScriptableObject 클래스가 존재하는 이유다. 이번 예제에서는 ScriptableObject의 유용함을 살펴 볼 것이다.

준비 사항

레이싱 게임 아키텍처 구현의 예제 중 일부분을 통해 ScriptableObject 클래스의 동작 및 활용하는 예시를 보여줄 것이다. 하지만 필자는 이와 별개로 ScriptableObject 클래스의 동작 방식에 대한 이해를 하는 것이 중요하다고 판단해 따로 설명하겠다.

예제 구현

1. 우선 다음과 같이 ScriptableObject 클래스를 상속받는 DriverProfile이라는 신규 클래스를 생성한다.

```
using UnityEngine;
public class DriverProfile : ScriptableObject
{

}
```

2. 다음으로 클래스 선언 맨 윗부분에 CreateAssetMenu 디렉티브^{directive}를 추가
   한다.

```
[CreateAssetMenu(fileName = "DProfile", menuName = "UAIPC/DriverProfile",
order = 0)]
public class DriverProfile : ScriptableObject
```

3. 다음 멤버 변수들을 추가한다.

```
[Range(0f, 1f)]
public float skill;
[Range(0f, 1f)]
public float aggression;
[Range(0f, 1f)]
public float control;
[Range(0f, 1f)]
public float mistakes;
```

예제 분석

ScriptableObject 추상 클래스를 통해 파일에 어떤 것을 저장할지 지정할 수 있다. 그
리고 다음 그림처럼 CreateAssetMenu 디렉티브를 통해 나중에 다른 스크립트에 쉽게
포함시킬 수 있는 신규 에셋을 추가할 수 있다.

이러한 방법을 통해 게임 오브젝트, 씬, 프리펩의 의존성 없이도 원하는 대로 설정 값들을 변경할 수 있으며 의지에 따라서는 재활용할 수도 있다. 예를 들면 다음 그림과 같이 레이싱 게임에서 몇 가지 더미 드라이버들의 설정파일을 특정 프로파일 없이 동일하게 가져갈 수 있다.

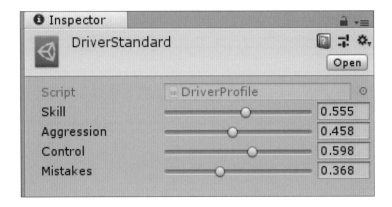

다음 그림은 DriverProfile이 할당된 에이전트 드라이버 컴포넌트를 보여준다.

부연 설명

ScriptableObject 클래스는 편리하게 교체 가능한 설정을 제공하는 기능뿐만 아니라
메모리 공간을 절약하는 데도 기여한다. 5MB 용량을 차지하는 여러 가지 네이티브 타
입(예를 들면 int, float, string)의 멤버 변수를 가지고 있는 게임 오브젝트를 상상해보
자. 예를 들어 다른 것들과 함께 큰 맵을 저장하는 이차원 배열이 있다. 그리고 씬 내
의 각각의 적은 이 맵의 복사본에 접근해야 한다.

만약 에이전트의 수가 10개라면 동일한 데이터셋 50MB를 할당해야 한다. 하지만
ScriptableObject 파일의 인스턴스 참조를 사용하는 경우 해당 맵의 처음 5MB와 에이
전트가 가지고 있을 아주 작은 양의 참조 메모리만 할당하면 된다.

참고 자료

ScriptableObject에 대한 이론 및 멤버 함수에 대한 정보는 다음 웹 사이트의 유니티
공식 온라인 문서를 참조하길 바란다.

- https://docs.unity3d.com/Manual/class-ScriptableObject.html
- https://docs.unity3d.com/ScriptReference/ScriptableObject.html

▌ 난수 세련되게 다루기

기준점으로부터 그리 멀리 떨어져 있지 있으면 안 되는 임의의 행동을 만들어야 할 필요가 있다. 조준 행위가 이런 경우다. 정규화된 난수 발생 행위는 x, y 좌표 위에 주어진 조준점으로부터 균등하게 발사할 것이다. 하지만, 의도된 행위이기 때문에 대부분의 총알이 표적에 가까워지길 원한다.

대부분의 난수 함수는 정규화된 주어진 범위 사이의 값들을 반환한다. 이는 의도한 결과다. 그럼에도 불구하고 앞서 말했듯이 게임 개발 시 어떤 측면에서는 유용하지만은 않은 결과다. 정규 분포$^{a\ normal\ distribution}$가 아닌 게임에서 사용될 일반 분포$^{normal\ distribution}$의 임의 값을 출력할 함수를 구현할 것이다.

준비 사항

균등 분포$^{uniform\ distribution}$와 일반 분포$^{normal\ distribution}$의 차이를 이해하는 것은 중요하다.

다음 그림의 오른쪽에서 우리가 찾던 행동양식을 시각적으로 표현한 것을 볼 수 있다. 소개에서 언급한 예를 가지고 정규분포를 적용했다. 왼쪽 그림은 원 전체에 균등 분포돼 있는데, 목표는 일반적인 임의 분포를 만드는 것이다. 반면 총 조준과 같은 다른 기술을 개발할 때 바람직한 임의의 분포는 오른쪽 그림에 가깝다. 다음 두 그림을 살펴보자.

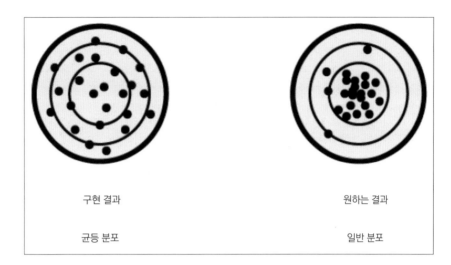

구현 결과

원하는 결과

균등 분포

일반 분포

예제 구현

1. 다음 코드와 같이 RandomGaussian 클래스를 만든다.

```
using UnityEngine;

public class RandomGaussian
{
    // 다음 단계
}
```

2. 필요한 멤버 변수를 초기화하는 RangeAdditive 멤버 함수를 정의한다.

```
public static float RangeAdditive(params Vector2[] values)
{
    float sum = 0f;
    int i;
    float min, max;
// 다음 단계
}
```

3. 다음 코드와 같이 파라미터의 개수가 0인지 확인하고, 0이라면 새로운 값 3개를 만든다.

```
if (values.Length == 0)
{
    values = new Vector2[3];
    for (i = 0; i < values.Length; i++)
        values[i] = new Vector2(0f, 1f);
}
```

4. 다음 코드와 같이 모든 값들을 더한다.

```
for (i = 0; i < values.Length; i++)
{
    min = values[i].x;
    max = values[i].y;
    sum += Random.Range(min, max);
}
```

5. 다음과 같이 임의의 숫자의 결과를 반환한다.

```
return sum;
```

부연 설명

우리는 비슷한 결과를 내는 다른 방법이 항상 존재하기 때문에 항상 효율성을 추구할 필요가 있다. 그리고 Rabin과 다른 사람들(이후 참고 자료 절을 참조)이 제안한 해결책을 기반으로 새로운 멤버 함수를 구현할 수 있다.

```
public static ulong seed = 61829450;
public static float Range()
```

```
{
    double sum = 0;
    for (int i = 0; i < 3; i++)
    {
        ulong holdseed = seed;
        seed ^= seed << 13;
        seed ^= seed >> 17;
        seed ^= seed << 5;
        long r = (long)(holdseed * seed);
        sum += r * (1.0 / 0x7FFFFFFFFFFFFFFF);
    }
    return (float)sum;
}
```

참고 자료

가우시안 난수 발생기와 다른 진보된 발생기 관련 이론은 스티브 레빈^{Steve Rabin}의 저서 『Game AI Pro』에서 article number 3을 참고하기 바란다.

▌ 에어하키 상대 만들기

에어하키는 아마도 아케이드 시장의 황금기 동안 전 연령이 즐겼었던 가장 유명한 게임 중 하나일 것이다. 그리고 여전히 어디에서나 찾아 볼 수 있다. 모바일 터치 기기의 등장으로 인해 에어 하키 게임 개발은 게임의 복잡도가 낮음에도 불구하고 물리 엔진 테스트뿐만 아니라 인공지능 상대를 개발하는 재미있는 방법이 됐다.

준비 사항

이 기술은 1장에서 배운 Seek, Arrive, Leave 여러 일부 알고리즘들과 함께 경로를 부드럽게 하기와 같은 다른 예제에서 차용된 레이케스팅 지식 기반으로 한다.

에이전트에 의해 사용되는 게임 패들 객체에는 현재 개발중인 알고리즘이 사용할 AgentBehaviour, Seek, Leave 컴포넌트를 가지고 있어야 한다. 또한 벽으로 이용하는 객체들에 태그를 달아야 한다. 즉, 객체들은 다음 그림에서 보이는 것처럼 박스 콜라이더를 가지고 있어야 한다.

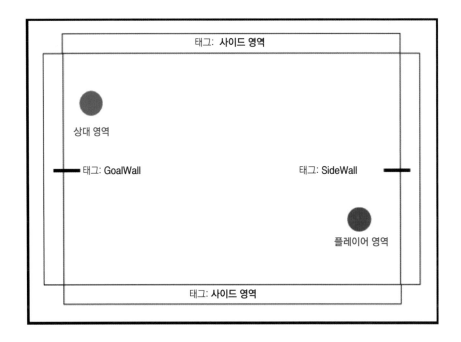

다음과 같이 상대의 상태를 다루기 위한 enum 타입을 만들어야 한다.

```
public enum AHRState
{
    ATTACK,
    DEFEND,
    IDLE
}
```

예제 구현

긴 클래스이기 때문에 각 단계를 주의 깊게 따라가야 한다.

1. 상대의 클래스를 만든다.

```
using UnityEngine;
using System.Collections;

public class AirHockeyRival : MonoBehaviour
{
}
```

2. 다음과 같이 설정 및 세부 조정fine-tuning을 하기 위한 공개 변수들을 선언한다.

```
public GameObject puck;
public GameObject paddle;
public string goalWallTag = "GoalWall";
public string sideWallTag = "SideWall";
[Range(1, 10)]
public int maxHits;
```

3. 다음과 같이 비공개 변수들을 선언한다.

```
float puckWidth;
Renderer puckMesh;
Rigidbody puckBody;
AgentBehaviour agent;
Seek seek;
Leave leave;
AHRState state;
bool hasAttacked;
```

4. 다음 코드와 같이 클래스의 비공개 멤버 변수 및 공개 멤버 변수에 주어진 값 설정을 위한 Awake 멤버 함수를 구현한다.

```
public void Awake()
{
    puckMesh = puck.GetComponent<Renderer>();
    puckBody = puck.GetComponent<Rigidbody>();
    agent = paddle.GetComponent<AgentBehaviour>();
    seek = paddle.GetComponent<Seek>();
    leave = paddle.GetComponent<Leave>();
    puckWidth = puckMesh.bounds.extents.z;
    state = AHRState.IDLE;
    hasAttacked = false;
    if (seek.target == null)
        seek.target = new GameObject();
    if (leave.target == null)
        leave.target = new GameObject();
}
```

5. Update 멤버 함수를 선언한다. 몸체는 다음 단계에서 정의할 것이다.

```
public void Update()
{
// 다음 단계
}
```

6. 다음 코드와 같이 현재 상태를 확인하고 적절한 함수들을 호출한다.

```
switch (state)
{
    case AHRState.ATTACK:
        Attack();
        break;
    default:
    case AHRState.IDLE:
        agent.enabled = false;
        break;
    case AHRState.DEFEND:
        Defend();
        break;
}
```

7. 퍽을 치기 위해 활성화된 상태를 리셋하는 함수를 호출한다.

```
AttackReset();
```

8. 외부 객체에서 상태를 설정할 수 있게 함수를 구현한다.

```
public void SetState(AHRState newState)
{
    state = newState;
}
```

9. 다음 코드와 같이 패들에서부터 퍽까지의 거리를 구하는 함수를 구현한다.

```
private float DistanceToPuck()
{
    Vector3 puckPos = puck.transform.position;
    Vector3 paddlePos = paddle.transform.position;
    return Vector3.Distance(puckPos, paddlePos);
}
```

10. 공격하는 멤버 함수를 선언한다. 몸체는 다음 코드에서 정의할 것이다.

```
private void Attack()
{
    if (hasAttacked)
        return;
 // 다음 단계
}
```

11. 다음 코드와 같이 에이전트 컴포넌트를 활성화 시키고, 퍽까지의 거리를 계산한다.

```
agent.enabled = true;
float dist = DistanceToPuck();
```

12. 다음 코드와 같이 퍽이 도달 범위를 벗어났는지 확인하고, 벗어났다면 다음과 같이 한다.

```
if (dist > leave.dangerRadius)
{
    Vector3 newPos = puck.transform.position;
    newPos.z = paddle.transform.position.z;
    seek.target.transform.position = newPos;
    seek.enabled = true;
    return;
}
```

13. 다음처럼 퍽이 도달 범위 안이면 퍽을 친다.

```
hasAttacked = true;
seek.enabled = false;
Vector3 paddlePos = paddle.transform.position;
Vector3 puckPos = puck.transform.position;
Vector3 runPos = paddlePos - puckPos;
runPos = runPos.normalized * 0.1f;
runPos += paddle.transform.position;
leave.target.transform.position = runPos;
leave.enabled = true;
```

14. 다음 코드와 같이 퍽을 치기 위해 파라미터를 리셋하는 함수를 구현한다.

```
private void AttackReset()
{
    float dist = DistanceToPuck();
    if (hasAttacked && dist < leave.dangerRadius)
        return;
    hasAttacked = false;
    leave.enabled = false;
}
```

15. 다음처럼 득점을 방어하기 위한 함수를 정의한다.

```
private void Defend()
{
    agent.enabled = true;
    seek.enabled = true;
    leave.enabled = false;
    Vector3 puckPos = puckBody.position;
    Vector3 puckVel = puckBody.velocity;
    Vector3 targetPos = Predict(puckPos, puckVel, 0);
    seek.target.transform.position = targetPos;
}
```

16. 다음 코드와 같이 퍽의 미래 위치를 예측하는 함수를 구현한다.

```
private Vector3 Predict(Vector3 position, Vector3 velocity, int numHit)
{
    if (numHit == maxHits)
        return position;
// 다음 단계
}
```

17. 다음 코드와 같이 주어진 위치와 퍽의 방향으로 레이를 캐스트한다.

```
RaycastHit[] hits = Physics.RaycastAll(position, velocity.normalized);
RaycastHit hit;
```

18. 다음 코드에서 보여지는 바와 같이 히트 결과를 확인한다.

```
foreach (RaycastHit h in hits)
{
    string tag = h.collider.tag;
  // 다음 단계
}
```

19. 다음과 같이 득점벽에 충돌했는지 확인한다. 기본 경우이다.

```
if (tag.Equals(goalWallTag))
{
    position = h.point;
    position += (h.normal * puckWidth);
  return position;
}
```

20. 다음과 같이 상대의 벽에 충돌했는시 확인한나. 재귀 겅우이다.

```
if (tag.Equals(sideWallTag))
{
    hit = h;
    position = hit.point + (hit.normal * puckWidth);
    Vector3 u = hit.normal;
    u *= Vector3.Dot(velocity, hit.normal);
    Vector3 w = velocity - u;
    velocity = w - u;
    break;
}
// foreach의 끝
```

21. 마지막으로 재귀 경우로 들어간다. 다음 코드와 같이 foreach 루프로부터 완료된다.

```
return Predict(position, velocity, numHit + 1);
```

예제 분석

에이전트는 퍽의 계산 결과가 에이전트의 벽에 충돌할 때까지 주어진 현재 퍽의 속도를 통해서 퍽의 다음 히트 지점을 계산한다. 이 계산은 에이전트가 패들을 움직일 위치를 제공한다. 뿐만 아니라 퍽이 패들에 가까워졌을 때와 패들 쪽으로 향할 때 공격

모드로 변경한다. 그렇지 않으면 거리에 따라 유휴^{idle}모드에 들어가거나 수비모드로 변경한다.

참고 자료

움직임과 행동에 대한 더 자세한 정보는 1장을 살펴보길 바란다.

▌레이싱 게임 아키텍처 구현

레이싱 게임 개발과 논플레이어 드라이버의 AI 동작은 매우 흥미롭다. 자동차 시스템이 물리를 얼마나 반영하는지에 따라 논플레이어 드라이버는 간단하거나 엄청 복잡해질 수도 있다. 하지만 논플레이어 드라이버가 동작하고 적합한 지능적인 행동을 개발하는 데에는 최소 요구사항이 존재한다. 이번 예제에서는 작은 레이싱 게임 아키텍처를 구현하는 방법을 배울 것이다.

준비 사항

이전에 개발한 드라이버 프로파일 오브젝트를 사용할 것이다. 이 예제를 나중에 개발할 러버밴드 시스템을 개발하는 데 사용하는 초석으로 활용할 것이다.

예제 구현

우선 자동차를 컨트롤할 인터페이스를 생성해보자. 이 인터페이스는 공개 멤버 변수들을 지닌 MonoBehaviour 클래스다. 따라서 플레이어와 에이전트는 이를 통해 쉽고 끊임없이 상호작용을 할 수 있을 것이다.

1. 다음 코드와 같이 CarController라는 신규 파일을 생성한다.

```
using UnityEngine;
public class CarController : MonoBehaviour
{
  // 다음 단계
}
```

2. 다음과 같이 멤버 변수들을 정의한다.

```
public float speed;
public float maxSpeed;
public float steering;
public float maxSteering;
public Vector3 velocity;
```

3. 차를 달리고 조작하게 하기 위한 Update 함수를 구현한다.

```
private void Update()
{
  transform.Rotate(Vector3.up, steering, Space.Self);
  transform.Translate(Vector3.forward * speed * Time.deltaTime, Space.World);
}
```

이제 트랙 노드와 관련된 작업을 해야 한다.

1. 다음과 같이 TrackNode라는 파일을 생성한다.

```
using UnityEngine;
public class TrackNode : MonoBehaviour
{
// 다음 단계
}
```

2. 다음과 같이 노드용 멤버 변수들을 정의한다.

```
public float raceWidth;
```

```
public float offWidth;
public float wallWidth;
public TrackNode prev;
public TrackNode next;
public Vector3 normal;
```

3. 다음과 같이 세팅과 관련된 Awake 함수를 정의한다.

```
private void Awake()
{
  // 다음 단계
}
```

4. 마지막으로 노멀 벡터를 계산한다.

```
normal = transform.forward;
if (prev != null && next != null)
{
  Vector3 nextPosition, prevPosition;
  nextPosition = next.transform.position;
  prevPosition = prev.transform.position;
  normal = nextPosition - transform.position;
  normal += transform.position - prevPosition;
  normal /= 2f;
  normal.Normalize();
}
```

예제 분석

CarController 클래스는 실생활에서처럼 드라이버와 자동차를 연결하는 데 사용하는 인터페이스다.

드라이버가 AI 에이전트인지 실제 플레이어인지 여부는 중요하지 않다. 자동차는 동일하게 행동한다. 그리고 행동의 대부분은 드라이버에 달려있다. 드라이버는 자동차의 피드백이 필요하기 때문에 인터페이스의 멤버 변수를 모두 공개 변수로 선언했다. UI 혹은 게임플레이를 사용하는 플레이어는 다른 드라이버들이 하는 행동을 감지할 수 있어야 한다. AI 드라이버 역시 동일한 정보에 접근할 수 있어야 한다.

▌러버밴딩 시스템을 활용한 레이스 난이도 관리

우리는 보통 플레이어에서 맞춤 경험을 제공하길 원한다. 레이싱 게임은 사기적인 능력을 가진 에이전트가 존재하기 때문에 맞춤 경험을 제공하는 데 좋은 주제다.

여기에서는 상태에 따라 탈 것의 속도를 조절하는 여러분의 휴리스틱을 적용할 수 있는 프레임워크를 사용해 절충점을 찾아 볼 것이다. 아케이드 레이싱 게임이든 시뮬레이션이든 상관없다. 이 프레임워크의 목표는 양쪽 경우 모두 유사한 방식으로 동작하게 하는 것이다.

준비 사항

여러분의 목적에 맞게 프레임워크를 확장하는 전략을 개발하려면 1장에서 배운 기본 지식에 대한 이해가 필요하다. 즉, 에이전트 클래스의 동작 원리를 이해하고 여러 가지 행동들이 어떠한 방식으로 플레이어가 목표를 향해 움직이게 돕는지 이해하는 것이다. 요약하면 벡터 연산에 대해서 이해해야 한다는 것이다.

예제 구현

저수준 AI와 고수준 AI를 다루는 세 가지 클래스를 구현할 것이다.

1. 다음 코드와 같이 기본 상대 에이전트 클래스를 생성한다.

```
using UnityEngine;
```

```
public class RacingRival : MonoBehaviour
{
    public float distanceThreshold;
    public float maxSpeed;
    public Vector3 randomPos;
    protected Vector3 targetPosition;
    protected float currentSpeed;
    protected RacingCenter ghost;
}
```

2. 다음과 같이 시작 함수를 구현한다.

```
void Start()
{
    ghost = FindObjectOfType<RacingCenter>();
}
```

3. 다음 코드와 같이 목표 위치 추적을 다루는 Update 함수를 정의한다.

```
public virtual void Update()
{
    targetPosition = transform.position + randomPos;
    AdjustSpeed(targetPosition);
}
```

4. 속도를 알맞게 조절하는 자신만의 함수를 정의한다. 다음 코드에서 살펴 볼 수 있을 것이다.

```
public virtual void AdjustSpeed(Vector3 targetPosition)
{
    // 해야 할 일
    // 자신만의 행위를 구현
}
```

5. 다음과 같이 유령 라이더 혹은 천하무적 레이서를 다루는 클래스를 만든다.

```
using UnityEngine;

public class RacingCenter : RacingRival
{
    public GameObject player;
}
```

6. 다음 코드와 같이 목표를 찾는 초기화 함수를 구현한다.

```
void Start()
{
    player = GameObject.FindGameObjectWithTag("Player");
}
```

7. 다음 코드와 같이 Update 함수를 재정의해 천하무적 자동차가 플레이어의 행동에 적응할 수 있도록 한다.

```
public override void Update()
{
    Vector3 playerPos = player.transform.position;
    float dist = Vector3.Distance(transform.position,
        playerPos);
    if (dist > distanceThreshold)
    {
        targetPosition = player.transform.position;
        base.Update();
    }
}
```

8. 다음과 같이 특별 행동을 구현한다.

```
public override void AdjustSpeed(Vector3 targetPosition)
```

```
{
    // 해야 할 일
    // 기본 행위 또한 적용되도록 한다.
    base.AdjustSpeed(targetPosition);
}
```

9. 다음 코드와 같이 고수준 AI를 다루는 클래스를 만든다.

```
using UnityEngine;

public class Rubberband : MonoBehaviour
{
    RacingCenter ghost;
    RacingRival[] rivals;
}
```

10. 러버밴드 시스템에 각각의 레이서를 임의의 위치로 할당한다. 이 경우, 다음 코드와 같이 원형 고무 밴드를 사용한다.

```
void Start()
{
    ghost = FindObjectOfType<RacingCenter>();
    rivals = FindObjectsOfType<RacingRival>();

    foreach (RacingRival r in rivals)
    {
        if (ReferenceEquals(r, ghost))
        continue;
        r.randomPos = Random.insideUnitSphere;
        r.randomPos.y = ghost.transform.position.y;
    }
}
```

예제 분석

고수준 AI 러버밴드 시스템은 레이서가 유지해야 할 위치를 지정한다. 각각의 레이서, 특히 무적 레이서는 속도를 조절하는 고유의 행동을 갖는다. 이 에이전트는 마치 고무 밴드의 무게 중심처럼 동작한다. 플레이어와의 상대 속도가 임계치를 넘어서게 되는 경우 스스로 조절하고 임계치를 넘지 않으면 동일한 상태를 유지한다.

찾아보기

유니티로 배우는 AI 프로그래밍 쿡북 2/e

게임 개발에서 자주 사용되는 인공지능 패턴

발 행 | 2020년 10월 21일

지은이 | 호르헤 팔라시오스
옮긴이 | 최 동 훈

펴낸이 | 권 성 준
편집장 | 황 영 주
편 집 | 이 지 은
디자인 | 박 주 란

에이콘출판주식회사
서울특별시 양천구 국회대로 287 (목동)
전화 02-2653-7600, 팩스 02-2653-0433
www.acornpub.co.kr / editor@acornpub.co.kr

한국어판 ⓒ 에이콘출판주식회사, 2020, Printed in Korea.
ISBN 979-11-6175-451-2
http://www.acornpub.co.kr/book/unity-game-ai-2e

이 도서의 국립중앙도서관 출판시도서목록(CIP)은 서지정보유통지원시스템 홈페이지(http://seoji.nl.go.kr)와
국가자료공동목록시스템(http://www.nl.go.kr/kolisnet)에서 이용하실 수 있습니다.(CIP제어번호: CIP2020043074)

책값은 뒤표지에 있습니다.